Heinz Stade

Historische Parks & Gärten in Thüringen

Rhino Westentaschen-Bibliothek
Band 92

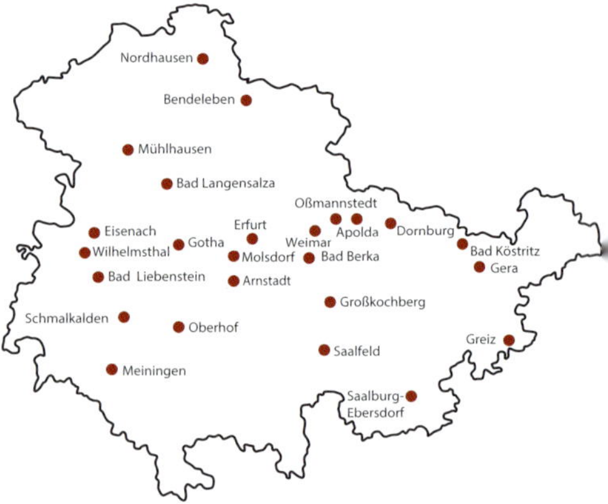
Nordhausen
Bendeleben
Mühlhausen
Bad Langensalza
Oßmannstedt
Erfurt
Apolda
Dornburg
Eisenach
Gotha
Weimar
Wilhelmsthal
Molsdorf
Bad Berka
Bad Köstritz
Gera
Bad Liebenstein
Arnstadt
Großkochberg
Schmalkalden
Oberhof
Greiz
Saalfeld
Meiningen
Saalburg-
Ebersdorf

Heinz Stade

Historische Parks & Gärten

in Thüringen

RHINOVERLAG

Wir bedanken uns bei allen, die uns unterstützt haben.

Fotos: Seite 2: Verlag ***grünes herz***; Seite 11, 22, 23, 28, 29, 35, 53, 54, 70, 72, 73, 80, 81: Anette Cotta; Seite 49, 51, 57, 64, 65, 76, 77, 78, 79, 83, 84, 88, 89, 91: Lutz Gebhardt; Seite 26, 27, 28,29, 32, 47, 57: BUGA Erfurt 2021 gGmbH (Stadtwerke Erfurt); Seite 12, 13: Michael Sander (CC BY-SA 3.0); Seite 14: Tilman2007 (CC BY-SA 3.0); Seite 16, 17: NoRud (CC BY-SA 4.0); Seite 19: Stadtverwaltung Bad Köstritz; Seite 25: Rainer Lippert (CC0 1.0); Seite 36,37: Steve Bauerschmidt; Seite 40: Stadtverwaltung Gera; Seite 43: KulTourStadt Gotha GmbH (Foto: Thomas Mallien); Seite 44, 45: KulTourStadt Gotha GmbH; Seite 59: Stadtverwaltung Mühlhausen; Seite 60, 61: Jwaller (CC BY-SA 3.0); Seite 63, 65: Rennsteiggarten Oberhof; Seite 66: Manja Reinhardt (www.vogtland-zauber.de); Seite 67: SchiDD (CC BY-SA 4.0); Seite 88, 89: Stiftung Thüringer Schlösser und Gärten (Foto: Dipl.-Ing. Helmut Wiegel)

Impressum

© 2022 RhinoVerlag Dr. Lutz Gebhardt & Söhne GmbH & Co. KG
Am Hang 27, 98693 Ilmenau
Tel.: 03677 / 46628-0, Fax: 03677 / 46628-80
www.RhinoVerlag.de

Titelbild: Steve Bauerschmidt: egapark Erfurt – Luftaufnahme des Großen Blumenbeets zur BUGA 2021
Layout, Satz: Verlag ***grünes herz***®
Schrift: Garamond
Titelgestaltung: Jana Rogge, Weimar

1. Auflage 2022
ISBN: 978-3-95560-092-1

Inhaltsverzeichnis

Das grüne und blühende Erbe Thüringens

Mit seiner Gesamtfläche von rund 16.000 Quadratkilometern gehört Thüringen zu den kleinen Ländern der Bundesrepublik Deutschland. Beim Überfliegen dieser Region offenbart sich sehr rasch, warum dem Freistaat das Wort vom „grünen Herzen Deutschlands" zugeeignet wurde: Wälder und Felder in stattlicher Größe und Fülle säumen die Städte, Dörfer und Siedlungen. Doch auch wer zu Fuß unterwegs ist, wer das touristisch attraktive Land radelnd entdeckt oder nur aus den Fenstern von Autos oder Eisenbahnwaggons im flüchtigen Blick hat, wird wahrnehmen, dass Thüringen gefühlt auf Schritt und Tritt grünt und blüht. Den aus dieser üppigen wie vielfältigen Landschaft und Natur herausragenden Juwelen, den historischen Parks und Gartenanlagen, widmet sich dieses Buch in einer Auswahl.

Verstreut über das ganze Land entstanden zwischen dem 16. und dem beginnenden 20. Jahrhundert im heute gern so genannten „Land der

Residenzen“ landesfürstliche Parks und Gartenanlagen in einer Dichte, wie sonst nirgendwo in Deutschland. Neben standesgemäß weitläufig-großen Anlagen wie in den einstigen Residenzstädten Weimar, Gotha, Meiningen, Rudolstadt, Altenburg, Sondershausen und Greiz erinnern kleinere, aber dennoch feine Anlagen wie beispielsweise in den Sommerresidenzen Dornburg bei Jena, Ettersburg, Tiefurt und Belvedere bei Weimar oder Altenstein bei Bad Liebenstein, an diese Seite fürstlichen Wirkens in Thüringen. Bauherren, die es sich leisten konnten, versicherten sich bei der Planung und Realisierung dieser Anlagen nicht selten der Mitwirkung von Männern, die zu dieser Zeit schon zu den Großen ihrer Zunft zählten. Mit Hermann Pückler-Muskau hinterließ der anerkannte Fürst unter den Gärtnern vielfach Spuren in Weimar und Meiningen. Gottfried Heinrich Krohne tat dies in Gotha und Weimar, Carl Eduard Petzold schuf Entwürfe für ungleich mehr thüringische Parks und Gärten.

Bereits mehrere Jahrzehnte vor dem Ende der Thüringer Kleinstaaterei und dem Ausrufen des

Freistaates Thüringen im Jahr 1920 gesellten sich in zahlreichen Städten zu den repräsentativen fürstlichen Schlossparks und Schlossgärten solche hinzu, die allen Bevölkerungsschichten offen stehen, und mit Möglichkeiten zu Sport und Spiel in grünen Oasen der Erholung der Einwohnerschaft dienen sollten. Von den so genannten Volksparks fanden in dieses Buch jene in Apolda und im Norden der Landeshauptstadt Erfurt Eingang. Vor allem am Ende des 19. und Anfang des 20. Jahrhunderts entstanden zahlreiche Privatvillen mit besonders gestalteten Gärten. In diesem Buch stehen für viele andere solch denkmalgeschützter Anlagen der Bergfried in Saalfeld, der Park Hohenrode in Nordhausen, das Landgut Weimar-Holzdorf und die von Henry van de Velde geprägte Anlage Villa Schulenburg in Gera. Die historischen Friedhöfe zu Weimar und Mühlhausen fanden wegen ihrer herausragenden Architektur und Gesamtgestaltung Aufnahme in das Buch. Mit dem Rennsteiggarten bei Oberhof und dem egapark in Erfurt vervollständigen schließlich zwei scheinbar sehr junge Anlagen den Band

zu historischen Parks und Gärten in Thüringen. Doch bei genauerem Hinsehen zeigt sich, dass beide Areale schon vor mehr als einem halben Jahrhundert entstanden sind.
Summa summarum präsentiert dieses Buch einen Querschnitt begeisternder Gartenbaukunst verschiedener Epochen. Ob Garten- und Parkanlage aus Renaissance oder Barock, ob offener Landschaftspark, historischer Friedhof oder privater Villengarten – sie alle versprechen einzigartige Entdeckungen. Dass darunter fünf Anlagen sind, die mit dem Titel „UNESCO-Weltkulturerbe" geadelt wurden, unterstreicht die außerordentliche Qualität der zum mehr als nur einmaligen Besuch einladenden historischen Parks und Gärten Thüringens.

Apolda – Herressener Promenade & Paulinenpark

In der nordöstlich von Weimar in einer Talmulde sich ausstreckenden Stadt gibt es zwischen der in rotem Ziegelstein gebauten Lutherkirche und dem aus der Renaissance stammenden Rathaus viel zu entdecken. Das „Kunsthaus Avantgarde“ und das Glocken- und Stadtmuseum stehen dabei vorne an.

Der etwa 15 Hektar umfassende Landschaftspark *Herressener Promenade / Paulinenpark* ist – der Landesgartenschau 2017 sei Dank – eine gelungene zeitgemäße Fortschreibung dessen, was im Rahmen der Begrünung und Verschönerung der Stadt Apolda Ende des 19. Jahrhunderts begonnen wurde. Als maßgeblicher Befürworter und Ideengeber dieses Vorhabens gilt Max Wiener (1866–1940). Mit dem Oberhofgärtner des Großherzogtums Sachsen-Weimar-Eisenach, Otto Ludwig Sckell (1861–1948), hatte ein Spross der damals berühmten Gartenbaufamilie Sckell den gärtnerischen Hut auf. Unweit vom Stadtzentrum wollte man eine grüne Oase

schaffen, die „zum Spazieren auf staubfreien Wegen" einlädt, auf deren neugeschaffenen Teichen man im Sommer Gondel fahren oder im Winter Schlittschuh laufen konnte.
Im Vorfeld der Landesgartenschau wurde das Areal grundhaft saniert und mit zeitgemäßen Details behutsam ergänzt. Den Besucher erwarten seither drei durch Haupt- und Nebenwege miteinander verwobene Flächen: der urban geprägte Lohteich mit Stadtterrasse, der naturnah gestaltete Friedensteich mit Seerosenbalkon sowie die Festwiese.

Glockengarten mit angrenzendem Paulinenpark in Apolda

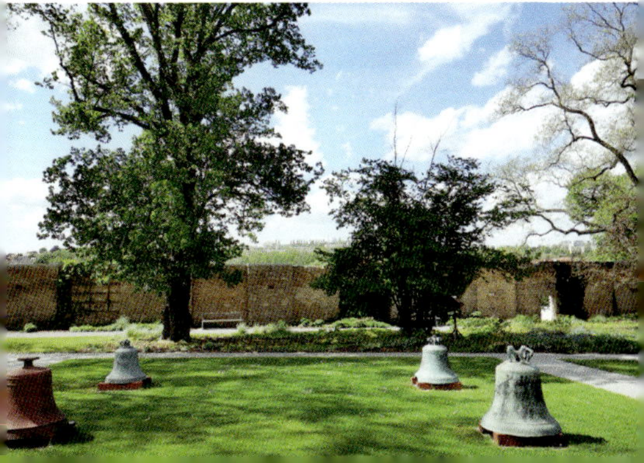

Arnstadt – Schlossgarten & Alter Friedhof

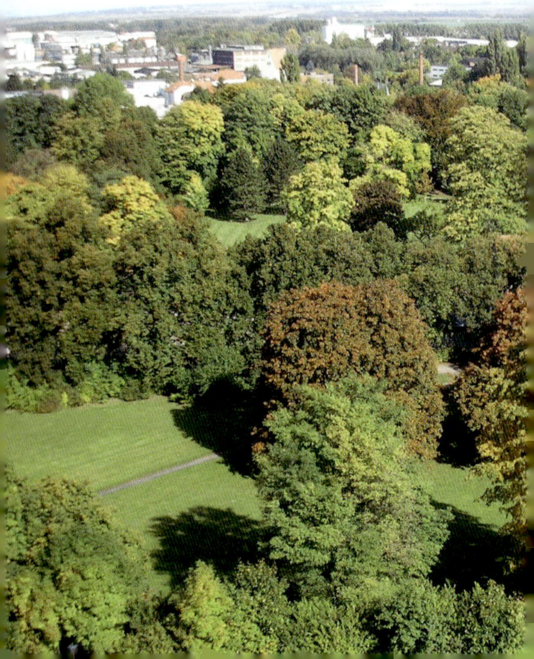

Das im Jahr 704 erstmals urkundlich erwähnte Arnstadt bewirbt sich um die Austragung der Thüringer Landesgartenschau im Jahr 2028.

Schlossgarten Arnstadt

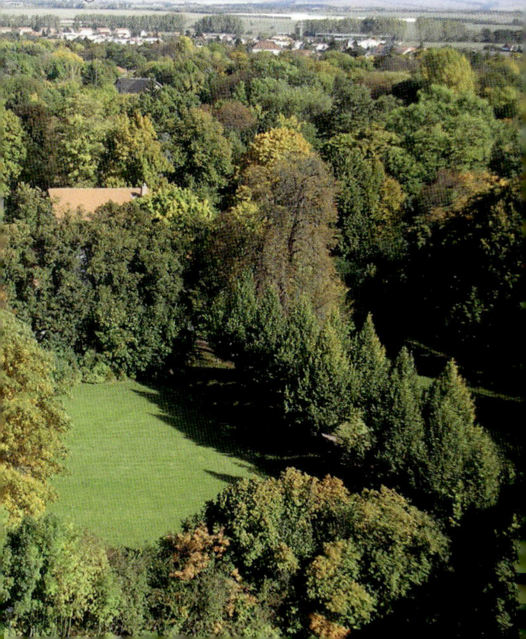

Hinreichend Gründe dafür liegen in der landschaftlich beeindruckenden Lage am Rande des Thüringer Waldes, in der Historie als fürstliche Residenz, als zeitweiliger Ort großer Gärtnereien sowie in der vor einer Wiederbelebung stehenden jährlichen Dahlienschau.

Mit dem *Schlossgarten* und dem nur durch eine Straße davon getrennten *Alten Friedhof* verfügt die Stadt über zwei innerstädtische Grünflächen von geschichtlicher Bedeutung und weiterer Gestaltungsmöglichkeiten.

Alter Friedhof in Arnstadt mit Grabmal der Familie Bach

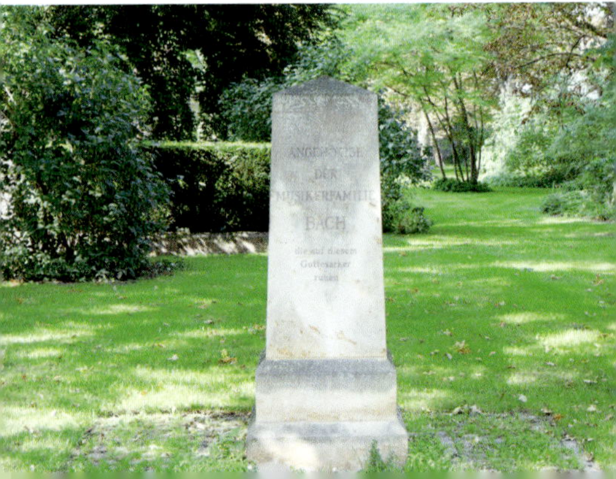

Das von einem Wassergraben umgebene Residenzschloss Neideck wurde Mitte des 16. Jahrhunderts gebaut, verlor zu Beginn des 18. Jahrhunderts an Bedeutung und verfiel. Der erhalten gebliebene, 64 Meter hohe Turm ist begehbar. Der seinerzeit angelegte Renaissancegarten erfuhr über die Zeitläufe flächenmäßige Einbußen sowie Nutzungen, z. B. landwirtschaftliche. 1919 ging die nunmehr zirka zehn Hektar große Anlage in städtischen Besitz über und wurde peu à peu zu jenem Stadtpark entwickelt, wie er heute mit seinen teils außergewöhnlichen Baumgehölzen zu erleben ist.
1537 entstand der Arnstädter Friedhof. Hier fanden allein 82 Angehörige der Familie Bach ihre letzte Ruhestätte, darunter 26 Musiker, wie eine Stele informiert. Eine bescheidene Fürstengruft, Gräber für die 1887 in Arnstadt verstorbene Schriftstellerin Eugenie Marlitt und für den von Berlin nach Arnstadt umgesiedelten Schriftsteller Willibald Alexis (1798–1871) erinnern an die einstige Bestimmung der 1924 zur Parkanlage umgewandelten Grünfläche.

Bad Berka – Der Kurpark mit Goethebrunnen

Ging es für Johann Wolfgang von Goethe vom nahen Weimar aus in Richtung Ilmenau oder Thüringer Wald, passierte er meist auch das im Tal der Ilm liegende, 1414 erstmals als Stadt bezeichnete Berka. Weder die Reste der alten Grafenburg noch die wenigen verbauten Überbleibsel des ehemaligen Zisterzienserklosters schienen ihn dabei anfangs vordergründig zu interessieren. Dass sich das zum Großherzogtum Sachsen-Weimar und Eisenach gehörende Landstädtchen Berka zum „Bad" entwickeln konnte, daran jedoch war Goethe maßgeblich beteiligt. Zu Beginn des 19. Jahrhunderts hier in rund 40 Metern Tiefe entdeckte Heilquellen

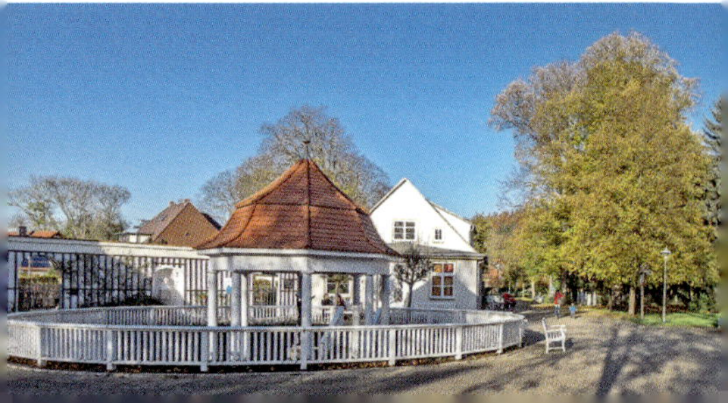

ließen Hoffnung auf ein gewinnträchtiges Badewesen aufkommen. Der zu fachlicher Prüfung hinzugezogene Goethe war skeptisch, da nach seiner Meinung die Berkaer Natur „mit quellender Feuchtigkeit nicht freigebig und beihülflich" sei. Dennoch wurde 1813 Eröffnung gefeiert. Im Umfeld der damals entstandenen baulichen Kur- und Gesellschaftsanlagen wuchs auch jene innerstädtische Grünfläche, die den Besucher von heute als *Kurpark* empfängt. Den zu Trinkkostproben einladenden *Goethebrunnen* und das museal genutzte einstige Kur- und Gesellschaftshaus (bekannt als Coudray-Haus) verbindet als Hauptspazierweg des Parks eine zu Goethes Zeit mit Pappeln, seit 1905 mit Linden bepflanzte Allee. Unweit des denkmalgeschützten Parks ist ein üppig blühender Rhododendrongarten mit Kneipp-Anlage zu entdecken.

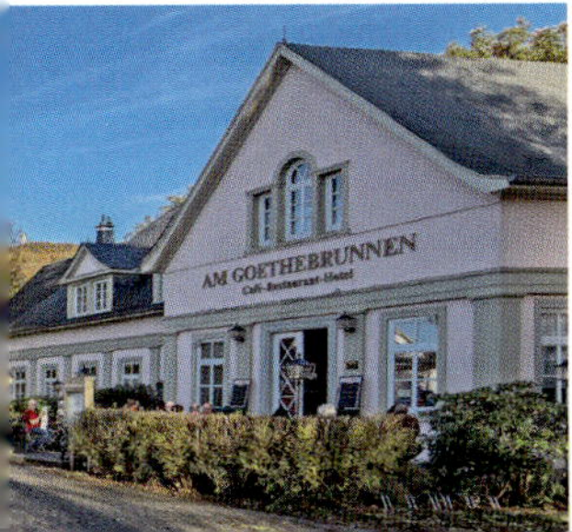

Goethebrunnen und Kuranlagen in Bad Berka

Bad Köstritz – Gärten und Parks im Zeichen der Dahlie

Von Bad Köstritz, zu fürstlichen Zeiten als „Reußisches Nizza" gefeiert, spricht man gern auch von der Stadt der vier Bs. Sie stehen für das (Kur-)Bad, das Bier, die Blumen und die Barockmusik. Hier kam 1585 Heinrich Schütz zur Welt, der als erster deutscher Komponist von internationaler Bedeutung in die Musikgeschichte einging. Nach ihm wurde 2010 eine pinkfarben blühende Dahlie benannt – das ostthüringische Städtchen gilt als eine Wiege der deutschen Dahlienzucht. Hier wurde 1826 die erste deutsche „Handelsgärtnerei mit Georginen" eröffnet, wie man damals die Dahlien noch nannte.

Die rund 200 Jahre alte gärtnerische Tradition wird in der Stadt vielfältig bewahrt und fortgeführt. Gebündelt nachvollziehbar ist dies in dem 2007 eröffneten *Dahlienzentrum* mit Ständiger Ausstellung, Archiv sowie einem *Lehr- und Schaugarten.* Hier sind auf einer großen Beetfläche neben seltenen und historischen Dahliensorten auch einige Naturarten und Wildform-

Hybride zu sehen. Neben großen Gärtnereien sind innerstädtische Parkanlagen, Plätze und Straßen auffällige Dahlienstandorte; ein „Dahlienweg“ führt von Bad Köstritz nach Gera. Alljährlich wird ein Dahlienfest gefeiert.

Der Dahlienbogen im Bad Köstritzer Park

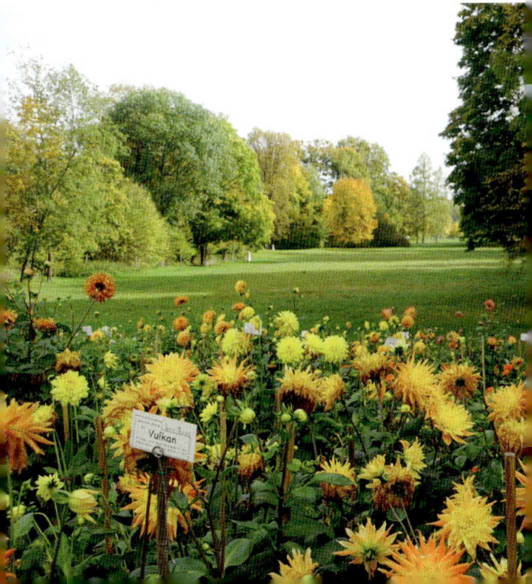

Bad Langensalza – Viele Themengärten und Park mit Friederikenschlösschen

Bad Langensalza, die am Hainich liegende Kur- und Rosenstadt, ist für Besucher unserer Tage ein Kleinod. Kurort ist die mit einem Denkmalreichtum gesegnete Stadt schon lange. Auch das mit den Rosen hat hier eine Tradition. Dennoch blieb die Stadt bis zur politischen Wende von 1989 eine mehr oder weniger graue Stadt unter vielen. Beginnend mit den 1990er-Jahren entstanden in der Kleinstadt insgesamt elf blühende Parks und Themengärten bzw. wurden spürbar aufgewertet. Schon 2011 führte dies im Rahmen des internationalen Wettbewerbes „Entente Florale“ zur Auszeichnung mit dem Titel „Blühendste Stadt Europas“.

Auf dem am Ende der Tuchmachergasse beginnenden vormaligen Gottesacker, ganz nahe der Kirche St. Trinitatis, lädt eine originelle Steinplastik zum „Drei-Türme-Blick“ auf Bad Langensalza ein. Sichtbar wird neben den Kirchtürmen auch der Grundriss einer mittelalterlichen

Stadtanlage, die aus einer Dorfsiedlung mit mehreren Märkten hervorgegangenen ist. Auf dem überwiegenden Teil des einstigen Gottesackers hatte bis in die Mitte der 1990er-Jahre der Tierpark sein Domizil. Mit dessen Schließung entstand hier ein *Arboretum* (arbor lat. für Baum). Zu den seinerzeit bereits vorhandenen zehn Baumarten wurden 120 weitere hinzugepflanzt und jeder Baum mit einem populär verfassten „Steckbrief" versehen.

Zum „noblen" Gegenstück wurde der aus einer vormaligen Wallanlage entstandene *Kurpark* herausgeputzt. Angrenzend an die Stadtmauer verbindet er das Altstadtquartier mit den Anlagen und Gebäuden des Kurbetriebes. Wasserskulpturen aus einheimischem Travertin sowie ein idyllischer Wasserlauf prägen die Anlage. In unmittelbarer Nachbarschaft des Kurparks steht das *Friederikenschlösschen*. Mit dessen 1751 angelegten *Schlossgarten* verfügt die Stadt über eine Anlage, die Vergleiche mit anderen Kurstädten nicht zu scheuen braucht.

Auf den rund 17.000 qm großen Flächen früherer Fabriken entstand mit dem *Rosengarten* ein städtischer Park, in welchem die Planer – wie in der gesamten Altstadt – dem Wasser viel freien Lauf gelassen haben. Der Name der Anlage erinnert an die über hundertjährige Tradition der Rosenzucht in Bad Langensalza. Eine Besonderheit stellt schließlich auch der *Apothekergarten* dar, der am Thüringer Apothekenmuseum im „Haus Rosenthal" zu finden ist. Gezeigt wird eine Auswahl von Pflanzen, die in Mitteldeutschland heimisch sind, heute noch für die Herstellung von Arzneidrogen verwendet werden und/oder prägend für die Entwicklung moderner Arzneimittel waren.

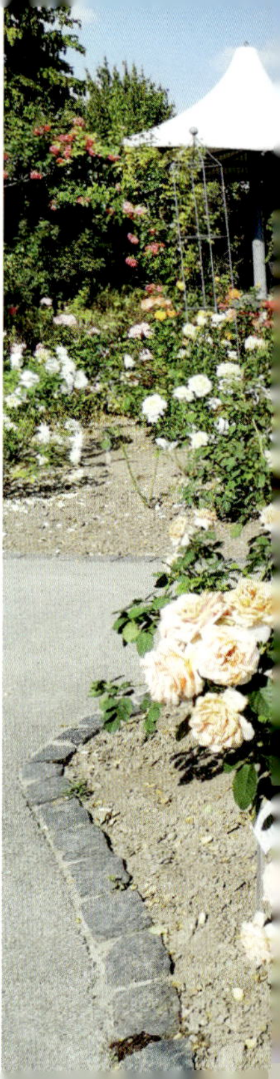

Rosengarten in Bad Langensalza

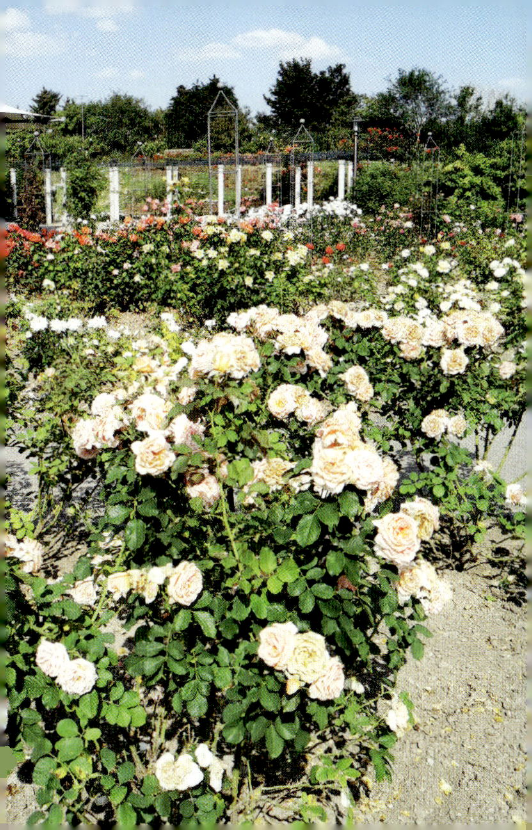

Bad Liebenstein – Schlosspark Altenstein

Die Anfänge des Parks, der heute zu den größten historischen Parkanlagen Thüringens zählt, gehen auf Herzog Georg I. von Sachsen-Meiningen (1771–1803) zurück. Er machte das nahe Bad Liebenstein liegende Areal zu seiner Sommerresidenz. Der Park, aus dem sich das in aufwändiger Innensanierung befindende Schloss erhebt, erfuhr über die Zeiten manche Veränderung. Die entscheidende wahrscheinlich im Sommer 1845, als der zur Kur in Liebenstein weilende Fürst Hermann von Pückler-Muskau das Herzogspaar auf dem *Altenstein* besuchte. Die „wundervolle Lage, üppige Grasflächen, goldgrün-gelockte Hügel, uralte Baumgruppen, jäh abstürzende Felsen mit Terrassengärten" und noch anderes begeisterten ihn. Dennoch kam er nicht umhin, „Rat über die Parkanlagen (zu) geben." Bald schon fand er sich „zum Abstecken" ein. Da er selbst nicht die Zeit hatte vor Ort zu bleiben, legte er die Aufsicht über die Umsetzung seiner Pläne in die Hand des Wei-

marer Hofgärtners Carl Eduard Petzold. Zehn Jahre nach Pücklers erstem Aufenthalt kam noch ein renommierter Gartenkünstler hier her und regte vor allem hinsichtlich einzelner Wege Veränderungen an: Peter Joseph Lenné.
Besucher unserer Tage beeindrucken Sichtachsen, die den Blick ins Tal der Werra freigeben. Auch Aussichtspunkte und Parkarchitekturen wie das Morgentorplateau, die Ritterkapelle oder das Chinesische Häuschen begeistern beim Rundgang durch das rund 160 Hektar umfassende hügelige Parkgelände. Die riesige Wasserfontäne sowie von hoher Gärtnerkunst zeugende Blumenbeete zählen zu weiteren Höhepunkten.

Altensteiner Höhle im Schlosspark Bad Liebenstein

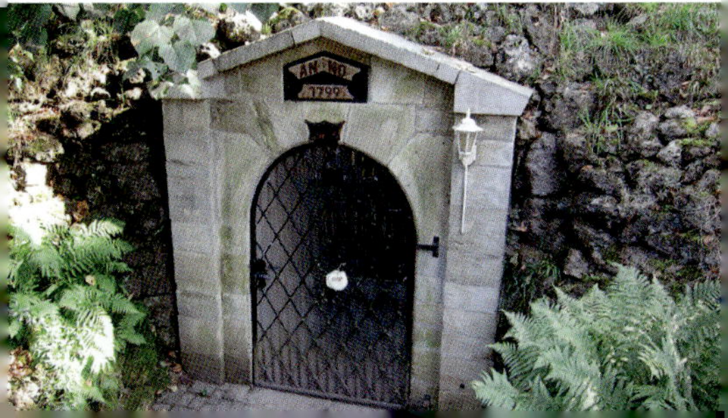

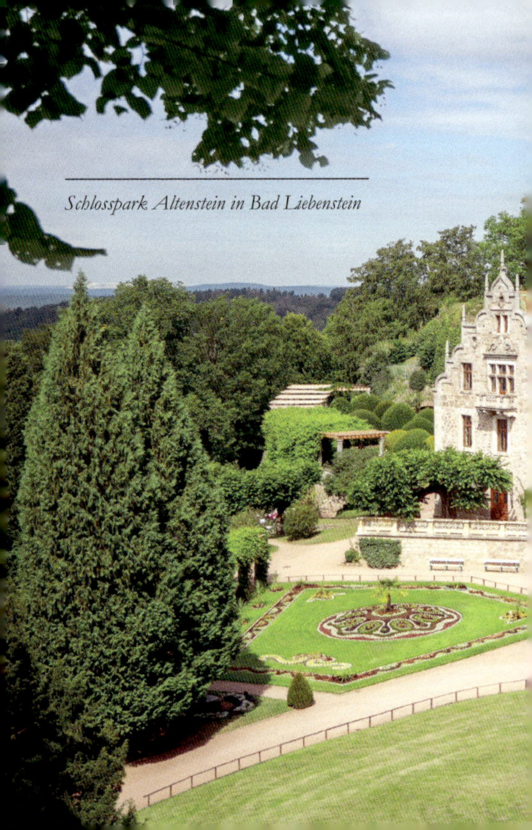

Schlosspark Altenstein in Bad Liebenstein

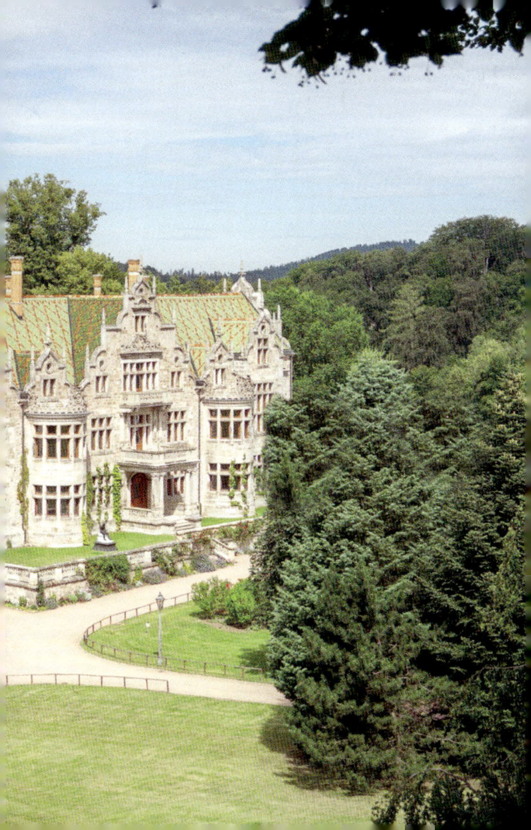

Barockdorf Bendeleben – Orangerie und Schlosspark

Das in einem malerischen Tal gelegene Dorf Bendeleben (Kyffhäuserkreis) erfuhr seine bis heute erhaltene barocke Prägung mit dem Er-

Schlossteich im Schlosspark Bendeleben mit Neuem Schloss im Hintergrund

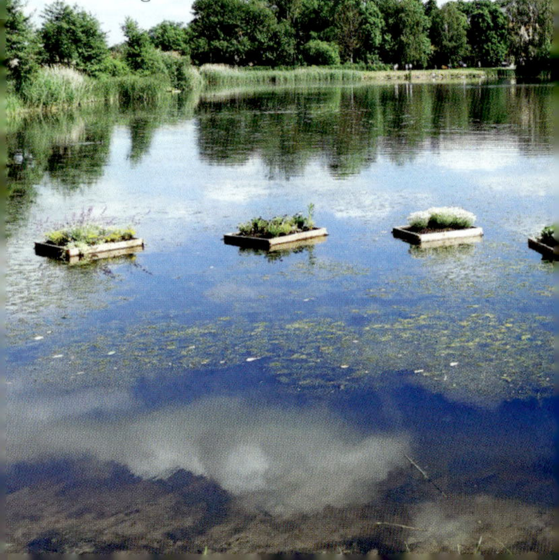

werb der Gutsanlagen durch Freiherr Jacob von Uckermann im Jahr 1763. Uckermann, Leiter des landgräflich-hessischen Postwesens mit Geschäftsverbindungen bis nach England, Holland und Russland, schuf, wie später sein Sohn und darauf der Handelsherr Krause, bauliche Zäsuren.

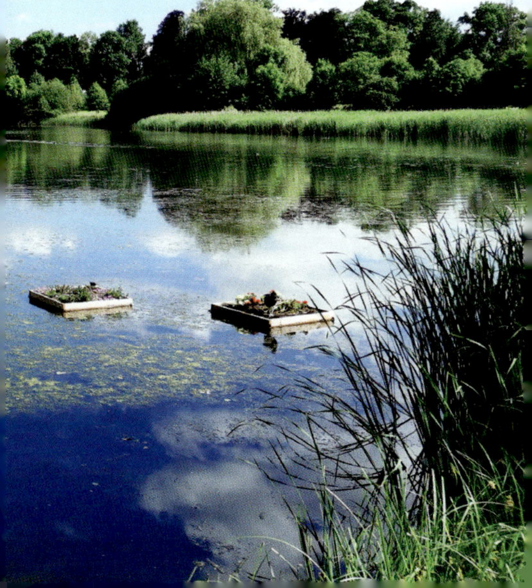

Das alte Ritterschloss wurde zugunsten eines Neubaus abgerissen, anstelle des ehemaligen Hirschgartens ein *Schlosspark* angelegt. Vermutlich zeitgleich mit dem Park entstand südlich der Kirche St. Pankratius der *Lustgarten*. Dessen Mittelachse weist den Blick zur *Orangerie* im nördlichsten Teil des Gartens – bestehend aus einem als Festsaal genutzten Gebäude im Stil des Rokoko und zwei seitlichen Treibhäusern. Letztere mit ihrem gewölbtem hölzernen Sonnenfang lassen Kunsthistoriker vermuten, dass es sich dabei „um die letzten, noch existierenden Bauwerke aus der frühesten Epoche der Gewächshauskultur mit vollständiger Auflösung der Wandflächen durch reine Glas-Stützen-Konstruktionen handelt." Die Orangerie wird heute als Winterquartier für Pflanzen genutzt; auch Ausstellungen, Konzerte und Feiern finden hier statt.

Zu dem barock gestalteten, landwirtschaftlich genutzten Gutshof Bendeleben mit dem typischen Mansardenwalmdach gehören auch Ferienwohnungen.

Dornburg – Drei Schlösser und Gärten

In der unweit von Jena liegenden Kleinstadt Dornburg erheben sich fast 100 Meter hoch über dem Saaletal nebeneinander drei Schlösser. Unterschiedlich gestaltete und genutzte Gärten „rahmen" das deutschlandweit einzigartige Ensemble.

„Freudig trete herein und froh entferne dich wieder! / Ziehst du als Wandrer vorbei, segne die Pfade dir Gott!" An einem der Gebäude steht diese Inschrift aus Goethes Feder, der die „Dornburger Schlösser" für sich als Rückzugsort vom Weimarer Alltag entdeckt hatte.

Das sogenannte *Alte Schloss* war Mitte des 16. Jahrhunderts entstanden. Das 1736–1741 gebaute *Rokokoschloss* trägt die Handschrift von Thüringens bekanntestem Baumeister des späten Barock, Heinrich Krohne. Kommt man vom Ort Dornburg darauf zu, präsentiert es sich als eher verspielter, eingeschossig wirkender Pavillon. Eine rundum „prächtige Ausführung" bescheinigte der Kunsthistoriker Paul Lehfeldt dem

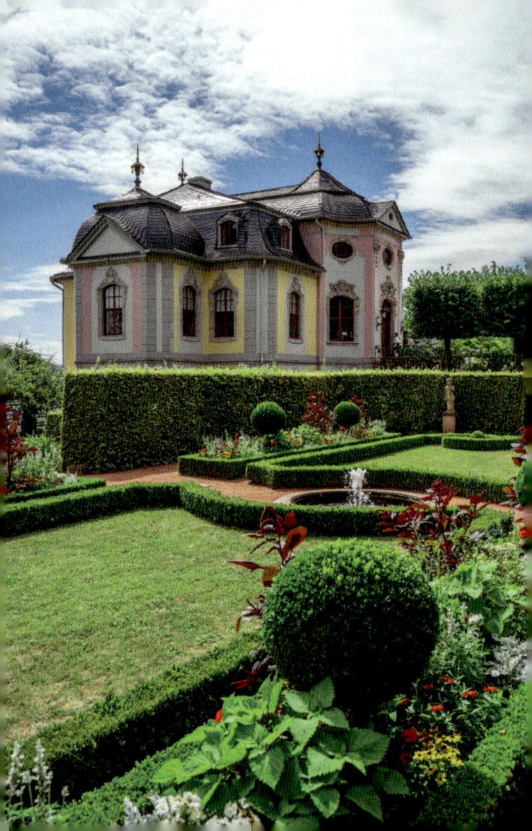

um 1540 als *Herrenhaus* erbauten dritten Schloss, dem *Renaissanceschloss.* Das zweigeschossige Bauwerk betritt der Gast durch ein reich verziertes Portal aus gelblichem Sandstein, in dessen Giebel die oben bereits zitierte Inschrift steht.

Wie das gesamte Bauensemble sind auch die *Schlossgärten* ein besonderer Anziehungspunkt. Am meisten freilich im Sommer, wenn die Rosenkönigin zum Fest der Rose lädt und alles in schönster Blüte steht, wie auch Goethe es schon erlebte. 1828 schrieb er von hier aus an seinen Freund Zelter nach Berlin, dass die „Blumen blühen in den wohlunterhaltenen Gärten, die Traubengeländer sind reichlich behangen und unter meinem Fenster seh' ich einen wohlgediehenen Weinberg."

Auf einem Areal von insgesamt zirka vier Hektar Größe kann der Besucher mehrere Gärten entdecken: den *Landschaftsgarten* am Renaissanceschloss, den *geometrisch gestalteten Garten* vor dem Rokokoschloss sowie den *Obst- und Grasegarten* am Alten Schloss. Die Steilhänge zur Saale unterhalb der Schlösser wurden ab 1736 in bis heute bewirtschaftete Weinberge verwandelt.

Dornburger Rokokoschloss mit Gartenanlage

Eisenach – Kartausgarten mit Gärtnerhaus und Wandelhalle

Im Juli 1906 sah das in der Südstadt sich erhebende Villen- und Parkviertel zu seinen Füßen ein Ereignis, das dem Fremdenverkehr der Wartburgstadt Wind unter die Flügel blasen sollte. In dem nach dem vormaligen Kloster benannten *Kartausgarten* wurde feierlich ein Kurbad eröffnet (1938 wieder geschlossen). Neben qualitätsvollem Wasser punktete man mit der Eisenach fast vollständig umgebenden Landschaft des Thüringer Waldes. Ein Ausläufer davon ist das Johannistal. Hier fließen Wald und das denkmalgeschützte Areal Kartausgarten mit *Wandelhalle* und *Gärtnerhaus* ineinander über. Durch die Jahrhunderte erfuhr der einstige Klostergarten zahlreiche Veränderungen, so auch zum herzoglichen Küchengarten und schließlich zum Botanischen Garten. Fremdländische Gehölze, aber auch eine stattliche Pyramideneiche unterhalb des Gartenhauses sowie Tulpenbäume, Rhododendron oder Ziersträucher beeindrucken in dem Landschaftspark.

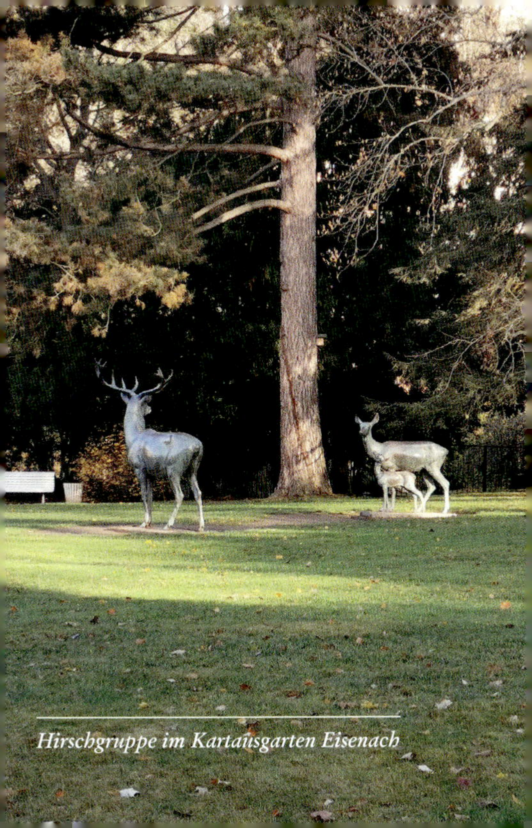

Hirschgruppe im Kartausgarten Eisenach

Erfurt – egapark und Nördliche Geraaue

Die im Süden vom Stadtwald Steiger gesäumte Thüringer Landeshauptstadt Erfurt ist mit innerstädtischem öffentlichem Grün reichlicher ausgestattet als gemeinhin vermutet. Der *Brühler Garten*, der *Botanisch-Dendrologische Garten*, der *Luisenpark*, der *Stadtpark*, der *Südpark*, das am Wasser des Breitstroms verlaufende „*Venedig*" oder der gegenüber der Staatskanzlei sich präsentie-

egapark Erfurt – Luftaufnahme des Großen Blumenbeets zur BUGA 2021

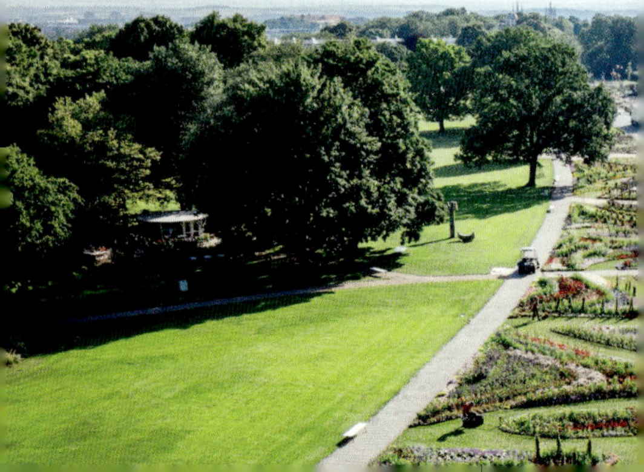

rende *Hirschgarten* sind hinreichend Belege dafür. Verbunden mit den traditionsreichen, jedoch im Zusammenhang mit der *Bundesgartenschau 2021* enorm aufgewerteten Anlagen *egapark* und *Nördliche Geraaue*, könnten sie dieses kleine Buch allein füllen. Ausführlicher stellen wir die beiden Letztgenannten vor.

1865 startete in Erfurt die bis in die Gegenwart gepflegte Tradition renommierter großer Ausstellungen und Leistungsschauen gärtnerischer Produkte. Ende der 1950er-Jahre begann auf dem als Cyriaksburg bekanntem Gelände die Gestaltung des heutigen egaparks. Auf dem da-

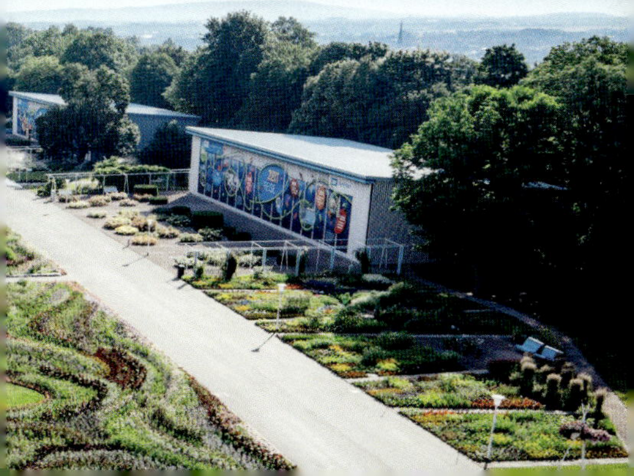

mals 57 Hektar großen Areal öffnete 1961 unter Beteiligung von Ausstellern u. a. aus Ungarn, Rumänien, Bulgarien und Kuba die „iga 61" ihre Pforten. Jährliche Ausstellungen folgten. Nach der deutschen Wiedervereinigung wurde die Anlage kleiner und in egapark umbenannt.
Gleich am Haupteingang begeistert das über 6.000 Quadratmeter umfassende „*Große Blumenbeet.*" Historische Ausstellungshallen, der topmoderne Kinderspielplatz, der *Japanische Fels- und Wassergarten*, zu Picknick und Erholung einladende Wiesen, das *Deutsche Gartenbaumuseum*, der mit seiner markanten Stahlspitze unübersehbare Aussichtsturm oder das zur BUGA neu ge-

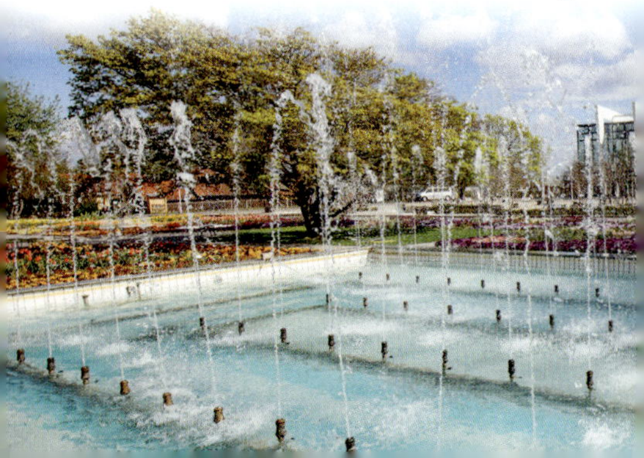

schaffene *Wüsten- und Urwaldhaus „Danakil"* verdienten eine umfangreiche Darstellung – doch entdecken Sie sie selbst.

Gleiches sei empfohlen für das sich auf rund fünf Kilometern Länge erstreckende Areal mit dem neugeschaffenen Titel „Nördliche Geraaue". Hervorgegangen aus verschiedenen städtischen Flächen zwischen Nordpark und *Kilianipark* entstand ein rund 60 Hektar umfassender Landschaftspark. Eingeladen ist man zum Wandern und Verweilen, zum Radfahren, zu freizeitsportlicher Betätigung, zu Unterhaltung und Geselligkeit.

Außenansicht des Danakil Wüsten- und Urwaldhauses im egapark Erfurt

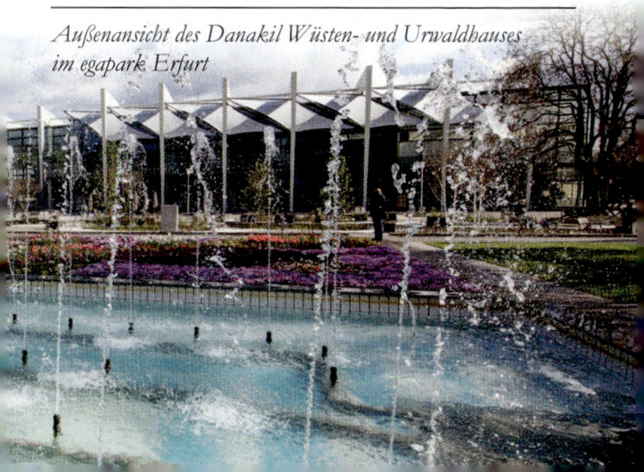

Gera – Küchengarten sowie Villa und Garten Schulenburg

Eine vor den Zerstörungen des Zweiten Weltkrieges entstandene farbige Ansichtskarte aus Gera zeigt den wunderbaren Zusammenklang von dem auf einem Bergsporn stehenden Residenzschloss Osterstein und dem im Tal der Weißen Elster liegenden einstigen *Lust- und Kü-*

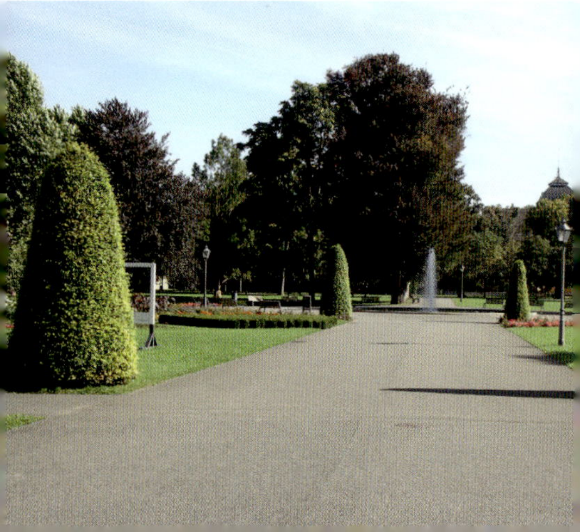

chengarten. Gärtnerische wie landschaftliche Umgestaltungen sowie die neugebaute Orangerie und das im Jugendstil errichtete Theater haben die Gesamtanlage sichtbar verändert, doch in ihrer Grundsymmetrie erhalten.

1913/14 entstand für den Geraer Fabrikanten und Kunstmäzen Paul Schulenburg nach Plänen des Belgiers Henry van de Velde jenes Ensemble aus Villa und Garten, das nach aufwändiger Sanierung öffentlich zugänglich ist und begeistert. Der von einer ornamental gestalteten Einfriedungsmauer umgebene zweigeschossige Klinkerbau sowie der zirka 4.000 m² große Park, mit seiner kleinen Ausstellung von künstlerischen Skulpturen und Installationen, gehören zu den wenigen in Thüringen erhalten gebliebenen Beispielen der damals gepflegten untrennbaren Einheit von Haus und Garten.

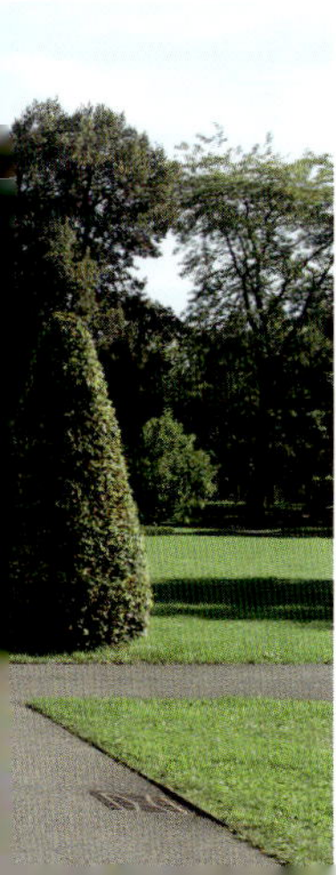

Blick von der Orangerie auf den Küchengarten in Gera

Gotha – Herzogliche Orangerie und Englischer Garten

Historisch durchaus begründet vermarktet die Stadt sich selbstbewusst als Residenzstadt, ist man überzeugt davon, dass „Gotha adelt“ und dass, wer Gotha besucht, eintaucht in ein „Barockes Universum“. All diese zeitgemäßen Zuschreibungen haben ihren Ausgangspunkt auf dem Schlossberg, führen zurück in das Herzogtum Sachsen-Gotha. Noch vor dem Eintritt in den mit 54 Arkadenbögen und einem Zyklus von Wappen ausgestatteten Schlosshof empfängt, auf der mit einer Wasserkunst gekrönten Stadtseite der 1904 in Bronze gegossene Herzog Ernst I. die Besucher. Ernst I., genannt „Der Fromme“, schuf während seiner Regierungszeit (1640–1674) ein für die damalige Zeit vorbildliches Staatswesen. Der Name des von ihm in Auftrag gegebenen, in rund 13 Jahren Bauzeit errichteten Schlosses „Friedenstein“, war Programm.

Um das auf einem 332 Meter hohen Plateau angelegte Schloss herum entstand (und veränderte

sich) über Generationen ein Ring von Park- und Gartenanlagen. Eine der ältesten noch erhaltenen Gartenanlagen von Schloss Friedenstein ist der ab 1747 östlich vom Schloss entstandene *Orangeriegarten.* Vom Schloss führt ein direkter Weg hinab in die Orangerie. Auf dem letzten Stück des Weges zeigt sich das Panorama der Orangerie, wie sonst nicht noch einmal.
Eine neue Qualität erlangten die zum Schloss gehörenden Gärten unter der Regierung von Herzog Ernst II., der sein Amt 1772 antrat. Während einer Englandreise reichlich mit Anregungen ausgestattet, ließ er daheim die sich unterhalb des Herzoglichen Museums ausbreitende Parkanlage gestalten. Ab 1765 nach den Vorstel-

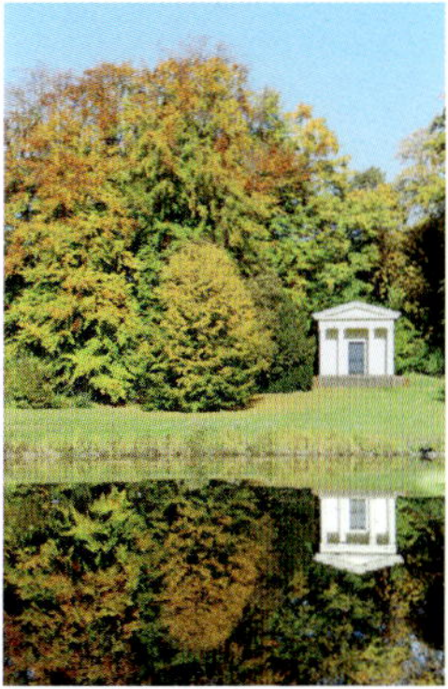

Merkur-Tempel im Englischen Garten

lungen des englischen Gartenkünstlers Lancelot Brown geplant, oblag es dem englischen Gärtner John Haverfield, mit Pflanzgut seiner Heimat die Brownschen Ideen auf kleinstem Raum umzusetzen. Zentrale Gestaltungsmotive sind der Parksee mit einer Insel, der auch Beltwalk genannte große Rundweg sowie der antiken Vorbildern entlehnte, zwischen 1775 und 1777

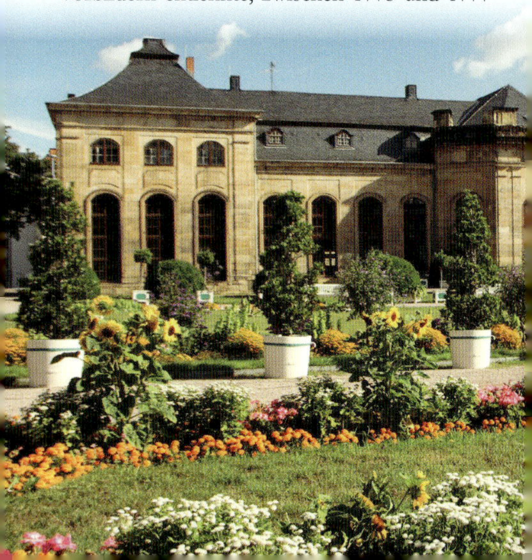

errichtete Merkur-Tempel. Damit verfügt Gotha nachweisbar über den ersten originalen *Englischen Garten* auf dem europäischen Kontinent. Die den Friedenstein umgebenden Park- und Gartenanlagen sind in dieser Gesamtheit einmalig in Thüringen.

Orangerie Gotha mit Orangeriegarten

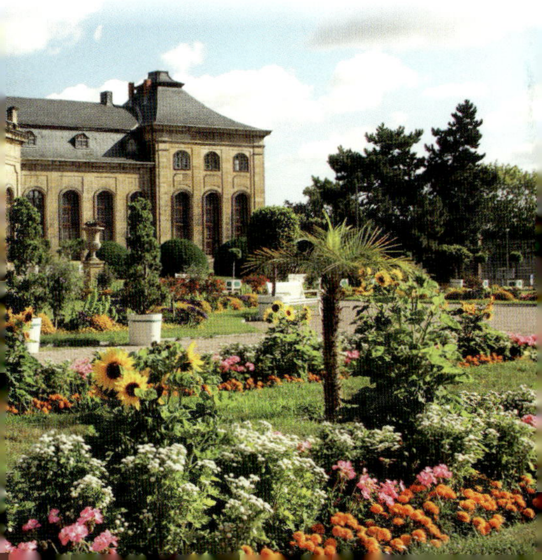

Greiz – Der Fürstlich Greizer Park

Das für sich als „Perle des Vogtlandes" werbende Greiz profitiert zweifellos auch von seiner Lage im landschaftlich reizvollen Tal der Weißen Elster. Dem in Tschechien entspringenden Fluss verdankt auch der *Fürstlich Greizer Park* einiges von seiner Attraktivität. Bisher zuletzt im Sommer 2013 zeigte die üblicherweise gemächlich fließende Elster jedoch, dass sie auch mit bis zu 80 Stundenkilometern durch ihr Bett rasen und erhebliche Schäden anrichten kann. Betroffen war damals auch das gerade erst sanierte Ensemble von Sommerpalais, Küchenhaus und rund 40 Hektar umfassendem Park.

Höhepunkte des Landschaftsparks sind neben dem *Pinetum* (Sammlung heimischer und eingeführter Nadelhölzer) der etwa acht Hektar große Binsenteich in der Mitte des Parks, die Lindenallee, das nach dem Tod der fürstlichen Gemahlin Sophie errichtete „Weiße Kreuz", die Rotunde sowie der an eine Fürstenhochzeit erinnernde, rundum offene Gasparinentempel. Der Park verfügt über mehrere Zugänge. Entsprechend seiner stadtseitigen Lage wurde jener an der Brückenstraße nach historischem Vorbild saniert. An diesem repräsentativen Haupteingang empfängt ein kleiner *Baumsaal* aus sechs Platanen die Gäste. Der wiederhergestellte, von Blumenbändern und Blumenbeeten gerahmte historische Hauptweg führt zum Platz vor der ehemaligen Orangerie, wo ein zweiter Baumsaal entstand. Erhalten blieb die aus den 1950er-Jahren stammende *Blumenuhr*.

Sommerpalais im Fürstlich Greizer Park

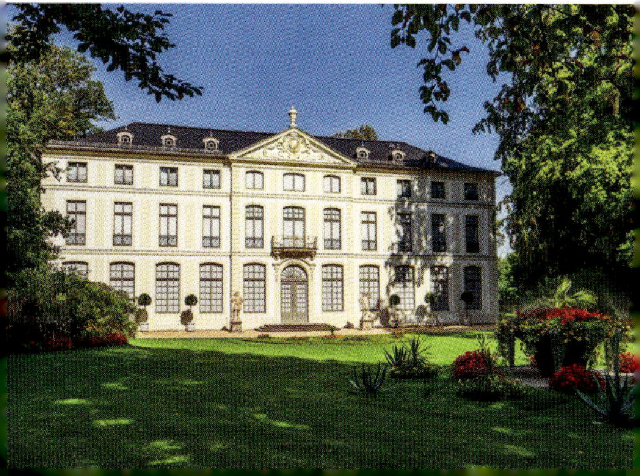

Großkochberg – Schlosspark und Liebhabertheater

„[…] meine Seele sucht dich in Kochberg und eilt offt zu dir hinüber.“ Als Johann Wolfgang von Goethe das im Jahr 1785 von Weimar aus an Schlossherrin Charlotte von Stein schrieb, da war die Welt zwischen den beiden noch in schönster Ordnung. Drei Jahre später – der Dichter war zurück von seiner überlangen Italien-Reise – war er ein letztes Mal in dem etwa 35 Kilometer von Weimar entfernten Landsitz der Steins in Gesellschaft eingeladen und erlebte dies: Empfangen zunächst von Lotte Lengefeld kam „dann die Frau von Stein, die uns alle freundlich empfing, doch ihn (Goethe) ohne Herz. Das verstimmte ihn den ganzen Tag“, wie Gottfried Herder in Weimar per Brieflein von seiner Frau erfuhr. Der anhaltenden Berühmtheit des Anwesens hat dieses persönliche Zerwürfnis aber keinen Abbruch getan.

Den das Schloss umgebenden, etwa sechs Hektar umfassenden *Großen Garten*, ließ Charlottes Sohn Carl von Stein ab 1797 zum ganzjährig

Gut Großkochberg mit Uhrenturm

erlebbaren Landschaftspark umgestalten. Gemäß den zeitgenössischen Vorstellungen wurde das Schöne mit dem Nützlichen verbunden. Unter prächtigem altem Baumbestand führen verschlungene Wege zu einer Turmruine, einer Grotte mit Begräbnisplatz, einem Badesee sowie zu einem außergewöhnlichen *Blumengarten* mit einem sogenannten Blumentheater und Leinwandhäuschen. Über eine Sandsteinrinne fließt Wasser durch den Park bis zu einem Brunnen vor dem auch heute bespielten Liebhabertheater.

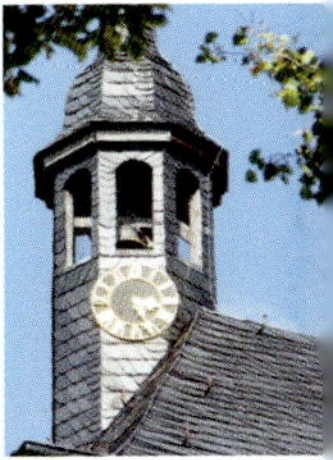

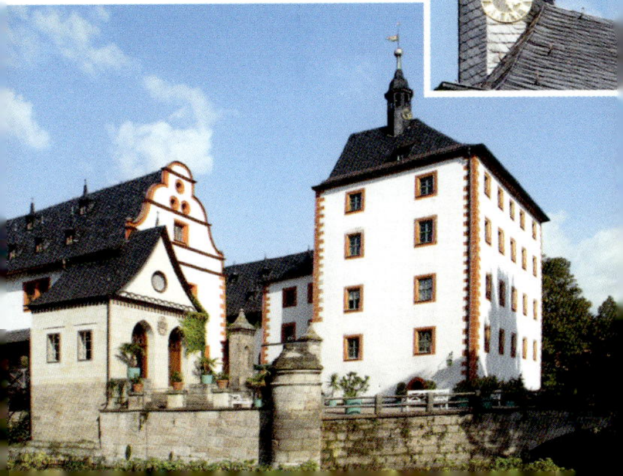

Holzdorf – Das einstige Rittergut bei Weimar

„Ja wo bin ich denn?" Verwundert wird sich die Augen reiben, wer das Herrenhaus des einstigen Rittergutes Holzdorf, im gleichnamigen Ortsteil von Weimar, innen besichtigt. Und er wird fragen, welcher Fürst sich dieses exklusive Anwesen dereinst hat bauen lassen. Die Antwort überrascht: Den Auftrag für das Gesamtkunstwerk Holzdorf gab der Mannheimer Fabrikant und Kunstsammler Dr. Otto Krebs (1873–1941), der dies als Sommerresidenz und repräsentativen Firmensitz nutzte. Aus dem Ensemble von Bauwerken ragt das Herrenhaus mit dem Säuleneingang, mit der Fassade aus Holzschindeln und dem geschwungenen Walmdach schon äußerlich heraus. Von eher fürstlicher Exklusivität ist dessen Inneres.

Von einigen der Räume hat man einen Blick in den sich direkt anschließenden, von dem seinerzeit bekannten Heidelberger Gartenarchitekten Franz Wirtz gestalteten Park. Ausgestattet ist das etwa fünf Hektar große Areal mit Wasserbecken, Pergolen, Treppen, Vasen, künstlerisch gestalteten Bänken, Stützmauern, Brücken, Skulpturen sowie einem Badebecken mit Badehaus. Als „Krone aller bekannten Steingärten" bezeichneten Fachleute 1932 das in den Park integrierte, eine gewachsene Felslandschaft vortäuschende, gewaltige *Alpinum*.

Skulptur im Gutspark von Holzdorf

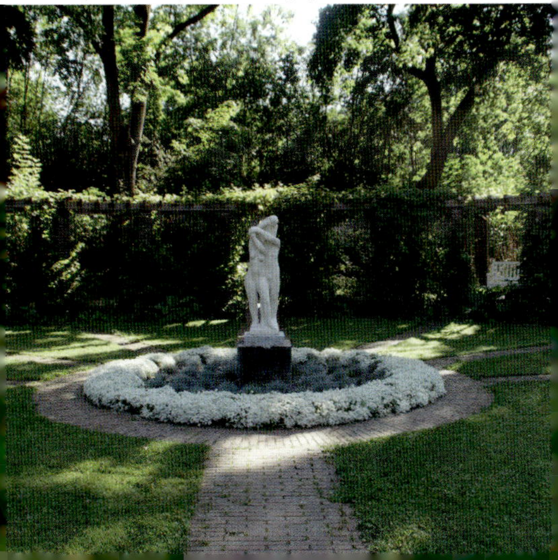

Meiningen – Englischer Garten und Schlosspark

Der ob seiner Märchen- und Sagensammlungen verdienstvolle Ludwig Bechstein (1801–1860) war auch „im Reisewagen" durch Thüringen unterwegs. Einmal von Oberhof aus auf das seinerzeit um die 6.000 Einwohner zählende Meiningen zufahrend, hielt Bechstein u. a. fest: „[…] bald künden Gärten die Stadtnähe, zur Linken zeigt sich das neue Herzogl. Orangeriehaus am Park zur Rechten jenseits des Flusses (Werra) und seiner Brücke das freundliche Schießhaus […] ostwärts zieht die Marienstraße sanft empor, deren Gegenüber der englische Garten mit schönen Baumgruppen, Bowling-Greens und mit geschmackvoller Einfassung eines hohen Eisengitters nebst dem eisernen Schwanenbrunnen bildet."

Der so beschriebene Park war 1782/83 von den beiden Landschaftsgestaltern/Hofgärtnern S. F. und C. L. Buttmann (Vater und Sohn) im Auftrag Georg I. von Sachsen-Meiningen entsprechend dem sentimental-romantischem Naturverständnis der Aufklärung gestaltet worden. Dabei ori-

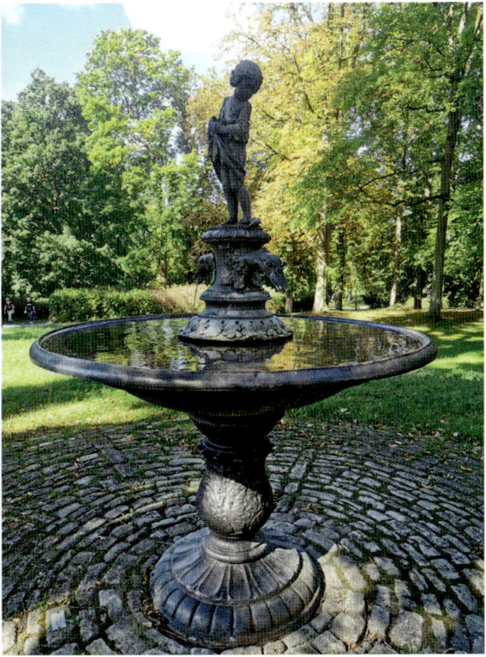

Der Fischknabenbrunnen im Englischen Garten in Meiningen

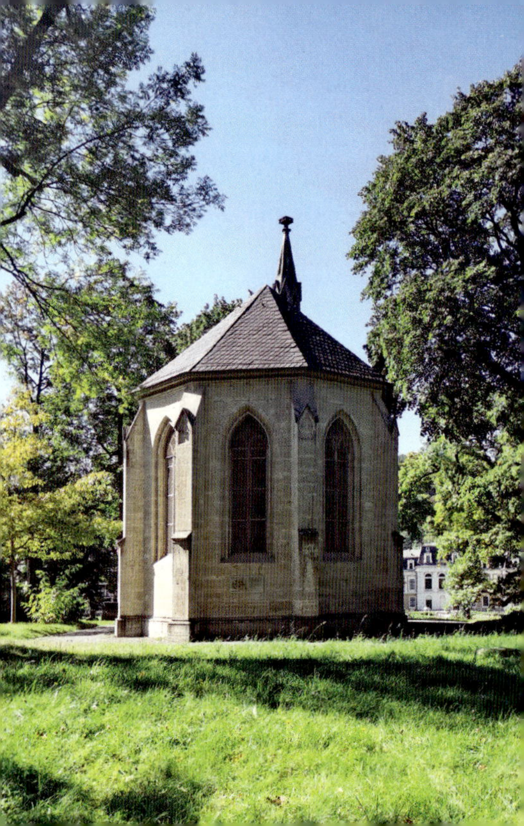

entierte man sich an der Weitläufigkeit Englischer Landschaftsparks mit Sichtachsen beispielsweise hin zu den damals modernen künstlichen Ruinen. In dem heute zu erlebenden, zirka zwölf Hektar großen *Englischen Garten* sind auch zahlreiche Denkmale und Brunnen zu sehen, welche für Meiningens Kulturgeschichte bedeutsame Persönlichkeiten würdigen. Darunter auch der 1870/71 errichtete Bechsteinbrunnen.

Unweit vom Englischen Garten entstand um 1700 parallel zur Werra der zu *Schloss Elisabethenburg gehörende Park*. Hat man den dahin führenden Hauptzugang, den sogenannten Rundbau passiert, ist eine in dieser Nähe zur Stadt kaum vermutete Ruhe der Begleiter zu den öffentlichen Einrichtungen der Elisabethenburg. In der einstigen Reithalle hat das Theatermuseum mit seiner faszinierenden Ausstellung „Zauberwelt der Kulisse" einen guten Platz gefunden. In der „Grünen Bibliothek" wird der reichen Musiktradition der Stadt Meiningen gedacht. Wer Schloss und Park aus der Vogelperspektive sehen möchte, muss dazu den kleinen Aufstieg zum Aussichtspunkt „Diezhäuschen" nehmen.

Die Gruftkapelle im Englischen Garten in Meiningen

Molsdorf – Schlosspark mit Lapidarium

Bis in die Mitte des 18. Jahrhunderts musste, wer das Örtchen Molsdorf und dessen Schloss erreichen wollte, im Marienthal eine Furt des Flusses Apfelstädt queren. Gustav Adolf von Gotter (1692–1762), dem das Schloss 15 Jahre lang gehörte, hat das mit Blick auf seine Gäste und Lebensart geändert. Gut einen Kilometer vor dem Schloss ließ er 1752 „zur öffentlichen Bequemlichkeit“ eine steinerne, bis heute intakte Bogenbrücke errichten, die Gotters Wappen ziert.

So vorbereitet auf das nahe Schloss und dessen acht Hektar großen Park, geht das Gefallen und Staunen direkt vor Ort weiter. Der weltgewandte Adlige, Diplomat und Lebemann Gotter formte im Bunde mit dem Weimarer Landbaumeister G. H. Krohne aus dem einstigen Rittergut ein Lustschloss im besten Wortsinne. Besonders beeindruckt der von Krohne als attraktive Schauseite konzipierte, geradezu kulissenartig wirkende zweigeschossige Südflügel. Von dessen Fenstertüren in den Park schauend ist der

Schloss Molsdorf

arrangierte Zusammenklang von Drinnen und Draußen, von Mensch und Natur zu erleben. Im ersten Viertel des 19. Jahrhunderts wurde der teuer zu unterhaltende *Schlossgarten* zu einem pflegeleichteren Landschaftspark umgestaltet. An der Ostseite des Schlosses empfängt den Besucher ein *Lapidarium*. Die darin aufgestellten, aus der barocken Epoche des Schlossparks stammenden Gartenskulpturen, beflügeln die Vorstellung vom ehemals reichen Bestand an allegorischen Figuren und Ziervasen in dem Park.

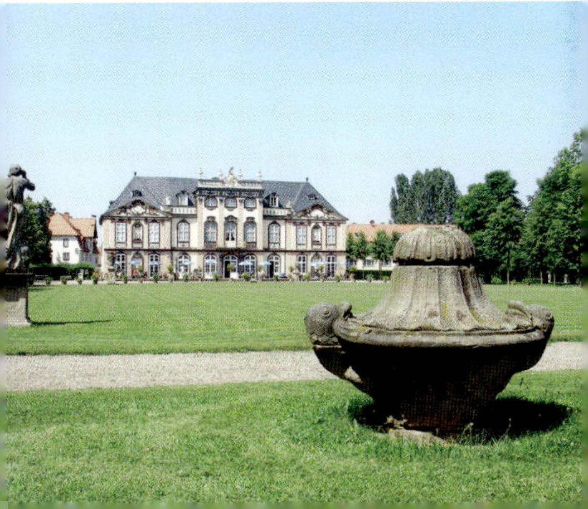

Mühlhausen – Das Gesamtkunstwerk Neuer Friedhof

Nicht jeder Friedhof hierzulande ist mehr als nur eine Begräbnisstätte. Wenige sind es aber eben auch nicht, die wegen der architektonischen und landschaftlichen Gestaltung das Prädikat Gesamtkunstwerk verdienen. Der *Neue Friedhof* Mühlhausen ist so eines.

Die in den 1920er-Jahren im Rathaus fürs Bauen und das Stadtgrün Verantwortlichen sowie der Mühlhäuser Bildhauer Walter Krause waren es, die im Bunde mit Gärtnern und Handwerkern für eine Fläche von 10,5 Hektar am Rande der Stadt jenes Gesamtkunstwerk ersannen und realisierten, das seit 1995 unter Denkmalschutz steht. Farblich helle, von Spitzbögen markierte Baulichkeiten wie der Haupteingang und das Krematorium sowie die bis ins Detail durchdachte baukünstlerische Ausstattung mit einheimischem Mate-

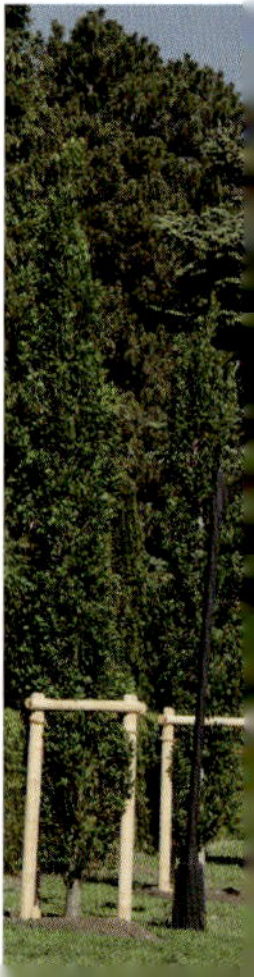

Neuer Friedhof Mühlhausen

rial, erzeugen eine expressionistische Anmutung. Mit gleicher Konsequenz wurde das Grün der Anlage geplant und realisiert. Zu den 300 bis 400 m^2 großen, von gleichmäßig geschnitten Hecken umgebenen Grabfeldern führen Haupt- und Seitenwege, deren Namen Programm sind: Ginkoweg, Kiefern- oder Kastanienweg gehören dazu. Eine Ausnahme heißt Evaweg und führt zu einem Brunnen, den eine Frauenfigur aus Stein krönt.

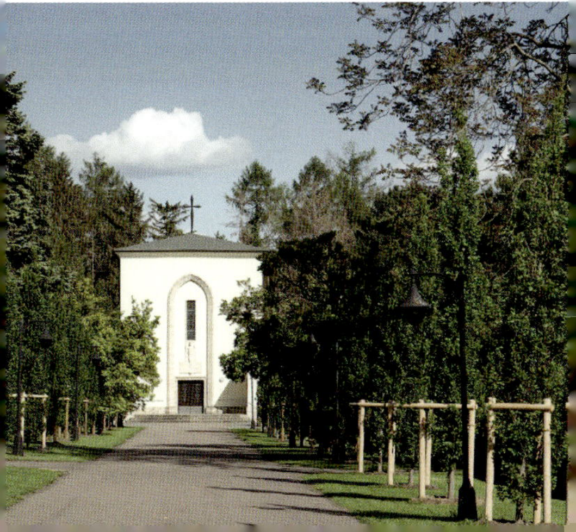

Nordhausen – Park und Villa Hohenrode

Am westlichen Rand der historischen Altstadt erstreckt sich auf einem Südhang der etwa zehn Hektar umfassende *Park Hohenrode*. Für Experten stand es zu keiner Zeit außer Frage, dass Hohenrode in seiner Kombination von Villen-Park und Dendrologischem Park ein herausragendes Zeugnis von Gartenbaukunst ist. Dass dieses über Jahrzehnte vernachlässigte Areal wieder vorzeigbar ist und den Besuch lohnt, ist einem bewundernswerten bürgerschaftlichem Engagement zu danken. Das Ensemble von Park und Villa Hohenrode wurde von dem Nordhäuser Tabakfabrikanten Carl Kneiff im letzten Drittel des 19. Jahrhunderts in Auftrag gegeben. Als Architekten verpflichtete er Ludwig Bohnstedt, der kurz zuvor den Wettbewerb für das Reichstagsgebäude in Berlin gewonnen hatte. Nicht minder berühmt war der von dem begeisterten Ge-

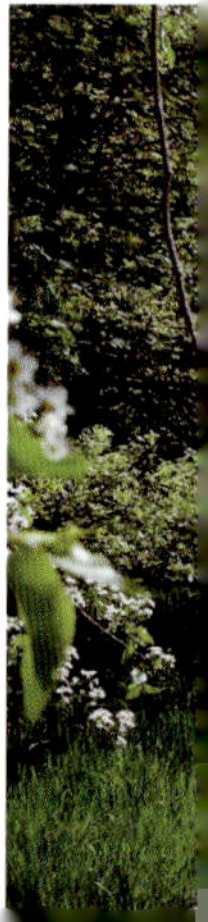

Berghang im Park Hohenrode bei Nordhausen

hölzsammler Kneiff engagierte Gartenkünstler Heinrich Siesmayer, an dem im Park eine Gedenkbüste erinnert. Auf dem Südhang legte er den Landschaftspark mit elegant geschwungenen Wegen an. Die integrierte Kneiff'sche Sammlung seltener Gehölze ist dank einer guten Beschilderung nachvollziehbar. Auf etwa halber Höhe des Areals fand die Villa samt Nebengebäuden wie dem Kutscherhaus ihren Platz. Am höchsten Punkt des Parks wurde ein klassizistischer Pavillon errichtet.

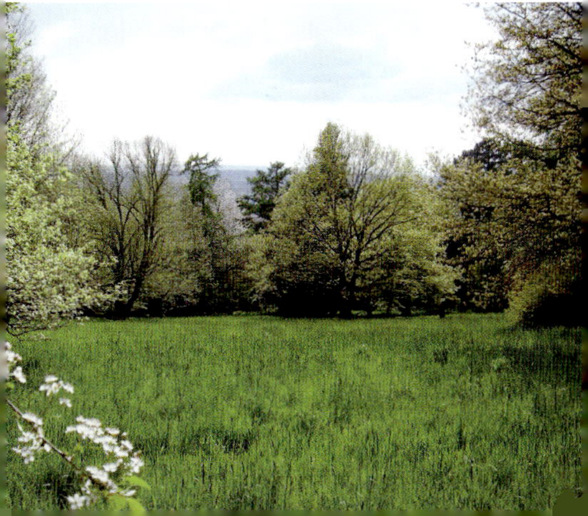

Oberhof – Der Rennsteiggarten

Die vor allem vom Wintersport geprägte WM-Region Oberhof wartet mit vielen bestaunenswerten Sportanlagen auf. Aber auch mit einer hier auf den ersten Blick nicht unbedingt zu vermutenden blühenden Attraktion, dem ganz und gar ungewöhnlichen *Rennsteiggarten*. Den zirka sieben Hektar großen Garten am 868 Meter hohen Oberhofer Pfanntalskopf gibt es seit

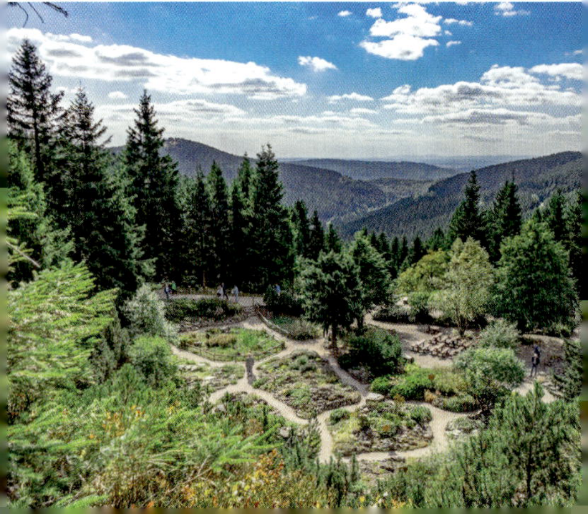

1970. Rund 4.000 Pflanzenarten aus den Gebirgen Europas, Asiens, Nord- und Südamerikas, Neuseelands und den arktischen Regionen erwarten die jährlich etwa 100.000 Besucher. Die Kammlage des Thüringer Waldes ermöglicht den wichtigsten Gebirgspflanzengattungen ideale Wachstumsbedingungen. Enziane, Primeln, Glockenblumen, Nelken, Edelweiß und Alpenrosen gehören ebenso dazu wie exotische Schönheiten. Von diesen sollen mit Blauer Himalayamohn, Andenpolster oder Bitterwurz

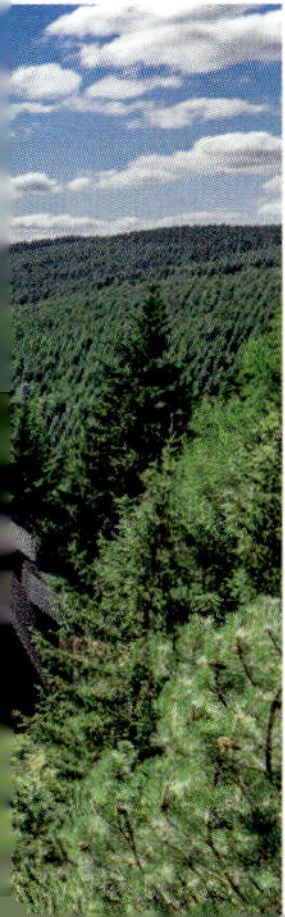

wenigstens drei erwähnt sein. Aufschlussreich ist die ständige Ausstellung in dem Garten. Im Entstehen ist ein *Thüringer Heilkräutergarten.*

Der Gartenfreund findet bei seinem Rundgang viele Anregungen für die Gestaltung des eigenen Hausgartens, wie die sinnvolle Einbeziehung und Nutzung von Geröll- und Steinhaufen, Steilhängen und Felsen, alten Baumstämmen, Steintrögen usw.

Ossmannstedt – Gutspark mit Wielandmuseum und -grabstätte

Das nahe der Ilm stehende Wielandgut mit seinem Innenhof ist Teil eines unvollendeten Schlosskomplexes. 1756 begonnen wurde das Vorhaben mit dem Tod des Bauherren sechs Jahre später eingestellt. Da waren in dem weitläufigen *Landschaftspark* der Trakt an der Westseite (das heutige Wielandgut) und das symmetrische, später zur Hälfte abgebrochene Gegenüber, vollendet. Warum er hier eingezogen war, begründete Wieland mit den Worten:

Delphinbrunnen im Gutspark Ossmannstedt

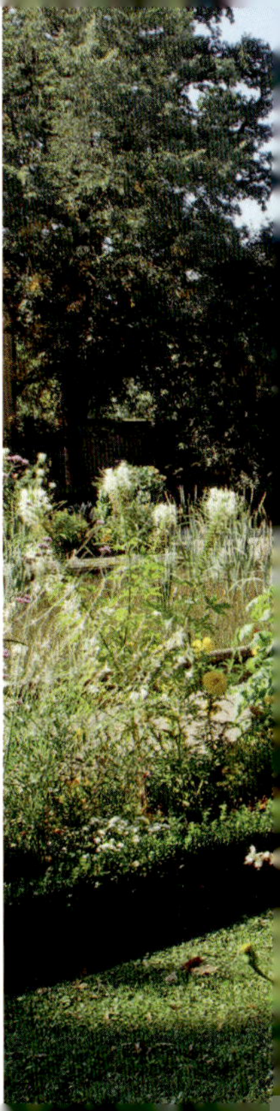

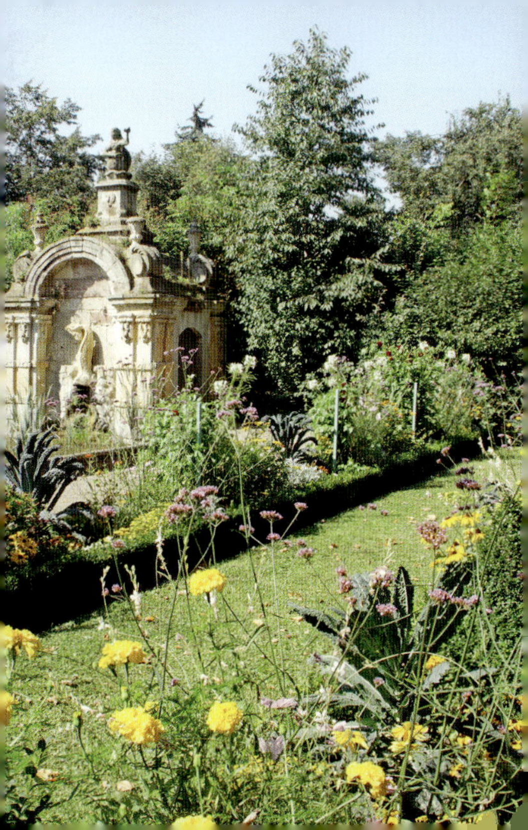

„In Weimar wird mein Geist durch den Hof, mein Körper durch das fatale Klima gemordet." Knapp sechs Jahre später hat der Universitätsprofessor, Dichter und Herausgeber Christoph Martin Wieland (1733–1813) diesen Landsitz aus ökonomischen Gründen wieder aufgegeben. Doch verkaufte er sein „Osmantinum" nicht, ohne sich Boden für ein Grab zu reservieren. Es wird gern als das schönste Dichtergrab Deutschlands gerühmt.

Das etwa zehn Kilometer nordöstlich von Weimar zu findende Anwesen ist für Jan Philipp Reemtsma ein „symbolischer Ort der deutschen Spätaufklärung". Der Germanist und Wieland-Forscher Reemtsma hat sich in die Restaurierung des als Museum genutzten Gebäudes maßgeblich eingebracht.

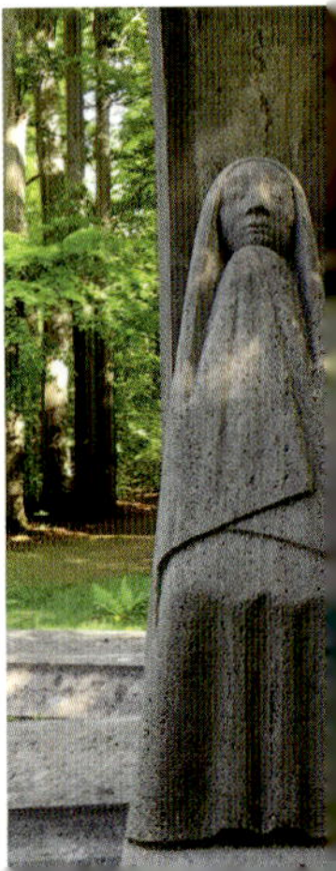

Plastik von Ernst Barlach im Schlosspark Ebersdorf und Teichhaus am Pfotenteich in Saalburg-Ebersdorf

Saalburg-Ebersdorf – Landschaftspark mit Barlachdenkmal

„Einfach, wahr und schön, alles ungekünstelt, eine wirklich der Natur abgelauschte Anlage", schwärmt die Wochenschrift „Gartenwelt" im Jahr 1908 nach einem Besuch des etwa 50 Hektar großen, aus einem *Schlossgarten* hervorgegangenen *Landschaftsparks* im englischen Stil. Die unweit der Bleilochtalsperre gelegene An-

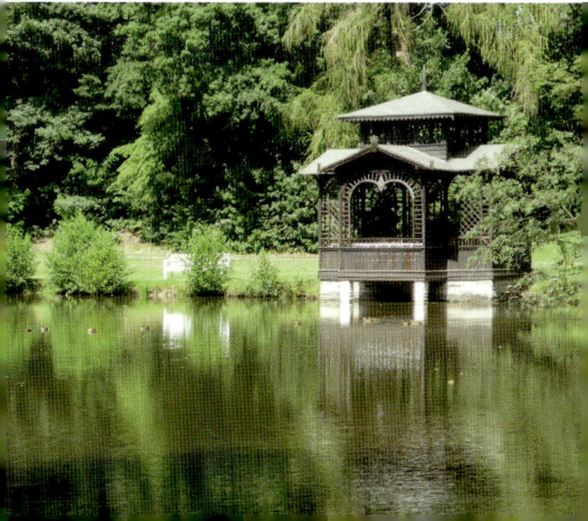

lage war nach Ansicht von zeitgenössischen Experten von solcher Qualität, dass sie gut mit dem Ilm-Park zu Weimar mithalten könne. Das „wirklich der Natur abgelauschte“ lässt sich ganz besonders am sogenannten *Pfotenteich* nachvollziehen. Diese künstlich angestaute Wasserfläche mit ihrem kaskadenartig gestalteten Überlauf, dem sich anschließenden Talgrund und den scheinbar willkürlich aber wirkungsvoll angeordneten Baumgruppen überzeugt bis heute. An seinem südwestlichen Rand überrascht der Park den Besucher noch mit einem in Thüringen einzigartigem Kunstwerk: dem von Ernst Barlach entworfenen und in seiner Güstrower Werkstatt gefertigten Grabdenkmal für den 1928 verstorbenen Fürsten Reuß Heinrich XXVII. und dessen Familie.

Saalfeld – Park und Herrenhaus Bergfried

Der am Rande von Saalfeld zu findende *Bergfried* entstand 1924/25 nach Plänen von Max Hans Kühne, einem Stararchitekten jener Zeit. Was er und die mit der gärtnerischen Umsetzung betraute Firma Ludwig Späth schufen, gehört zu den wichtigsten und gelungensten Gesamtkunstwerken der 1920er-Jahre in Thüringen. „Ich suchte dem Haus ein Äußeres zu geben, welches ihm in Thüringen Heimatberechtigung gibt. Ich hoffe, es durch die großen, einfachen Dachflächen und die großen Mauerflächen unter Verwendung des so malerischen, zum Teil an Ort und Stelle gebrochenen Muschelkalksteins erreicht zu haben [...] durch die Ausnutzung des Terrains, durch die hingeschichteten Terrassen ist es fest und malerisch verwachsen mit dem Boden, auf dem es steht“, beschrieb Kühne seine Intentionen.

Gestalterischer Höhepunkt der Anlage ist bis heute eine am Herrenhaus und seinem Schmuckhof nebst Entenbrunnen beginnende Sichtachse, die über eine von einer Allee gesäumten Wiese bis hinauf zum Weiherhäuschen mit Badebassin führt. Die *Rosenterrasse* mit Blick auf die Stadt, der *Japangarten*, der Glockenturm oder der Teepavillon beeindrucken kaum weniger.

Garten Bergfried in Saalfeld

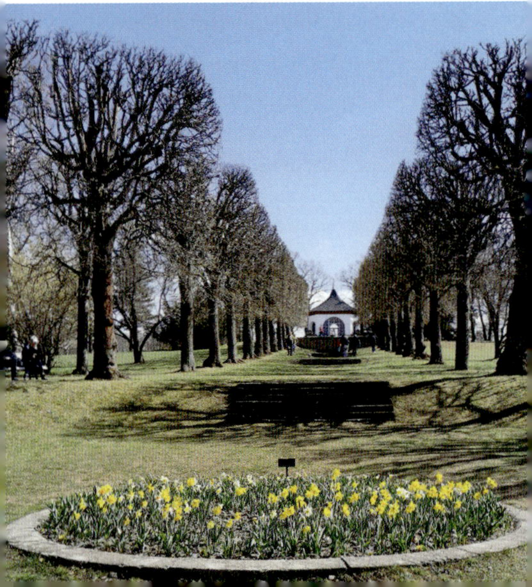

Schmalkalden – Der Terrassengarten von Schloss Wilhelmsburg

Das zwischen 1585 und 1590 erbaute Schloss Wilhelmsburg gilt aufgrund seiner originalen Raumstruktur im Inneren sowie wegen seiner prächtigen Wandmalereien und Stuckatur als ein Juwel unter den Renaissance-Schlössern Deutschlands. Die Festsäle, die Herrenküche, vor allem aber die beeindruckende dreigeschossige Schlosskapelle, sind eine Augenweide.

Auch die nahezu vollständig erhaltene Außenanlage ist etwas Besonderes. Deutlich sichtbar ist dies wieder seit der in Schmalkalden stattgefunden *Thüringer Landesgartenschau 2015*. In Vorbereitung dieses Gartenfestivals verwandelten sich nicht nur drei Industriebrachen in Parks, auch der *Terrassengarten* von Schloss Wilhelmsburg kam in die Kur.

Die ab 1602 unter Landgraf Moritz von Hessen als „Lust-, Kräuter-, Küch- und Baumgarten“ entstandene Anlage wurde neu erschlossen und nach einem historischen Plan gestaltet. Die

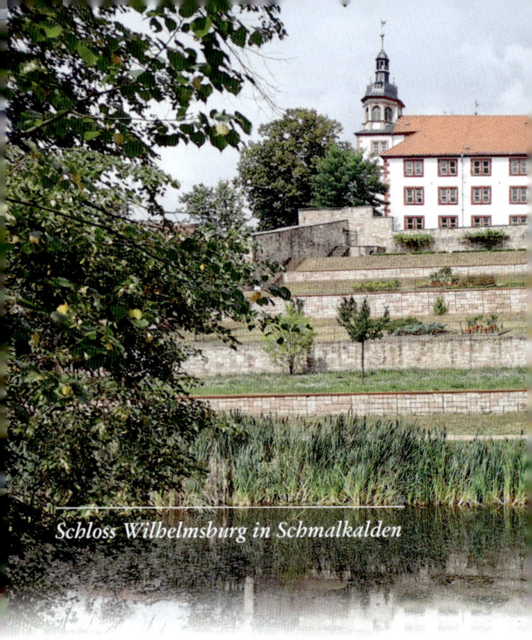

Schloss Wilhelmsburg in Schmalkalden

oberste Terrasse zieren geometrische Ornamente aus Buchsbaum. Auf den beiden mittleren Terrassen werden Zierpflanzen sowie Gemüse

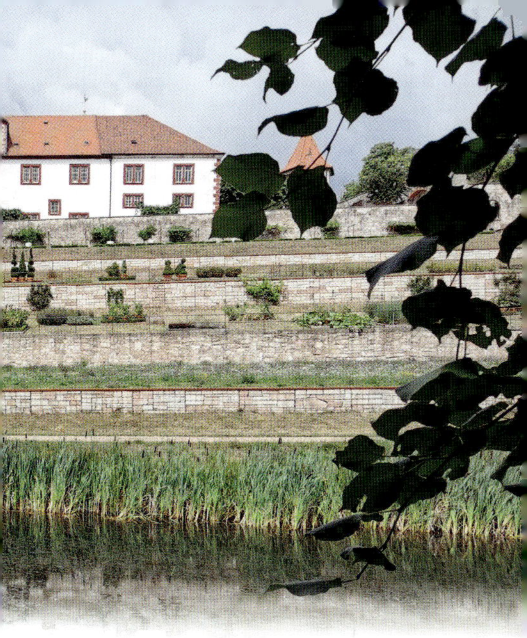

und Kräuter präsentiert. Seltene alte Obstsorten finden sich auf der untersten Ebene und im großen Obstgarten.

Kirms-Krackow-Haus mit Garten

Das im historischen Stadtzentrum einladende, museal genutzte Gebäude war ab 1701 das Zuhause der Familie des Hofrates Kirms und in jener Zeit ein Treffpunkt für Künstler, Musiker und Gelehrte wie etwa Franz Liszt, Johann Nepomuk Hummel oder Hans Christian Andersen. Ein Kleinod ist der zugehörige, gastronomisch bewirtschaftete Garten. Der Blumist (Pflanzenliebhaber) Franz Kirms zog dort seltene Apfel-, Mandel- und Maulbeerbäume sowie Rosen und exotische Pflanzen aus aller Welt heran. Unter seiner Hand bekam der Garten, in dem auch ein spätbarocker Pavillon erhalten geblieben ist, seine bis heute erlebbare Gestalt.

Park an der Ilm mit Goethes Garten am Stern

Rund 50 Hektar groß und zum „UNESCO-Weltkulturerbe" gehörend entstand der *Park an der Ilm* in der zweiten Hälfte des 18. Jahrhunderts in dem etwa 500 Meter breiten, lieblichen Tal der Ilm. Der bereits 1685 erwähnte *Sterngarten* in der Nähe des Schlosses, der seinen Namen aufgrund der sternförmigen Wegeanlage erhielt, diente zunächst höfischer Geselligkeit. Ab 1785 wurde der alsbald öffentlich genutzte Park erweitert. Sichtachsen, Kunstbauten und Denkmale wie die Grotte, das Nadelöhr, das Borkenhäuschen, das Felsentor, der Schlangenstein oder das Tempelherrenhaus setzen in dem offenen Landschaftspark besondere Akzente.

Ende März 1776 hatte Johann Wolfgang von Goethe das heute nach ihm benannte Gartenhaus erworben. Kaum eine Woche in des Dichters Tagebuch vergeht ohne Eintragung zu Arbeiten am neuen Besitz. Es wurden Terrassen, Treppen und Wege angelegt. Mit Hilfe eines Gärtners kamen Bäume, Hecken und Pflanzen in die Erde. „Sogleich bei meinem Eintritt in den edlen weimarischen Lebenskreis, ward mir der unschätzbare Gewinn zuteil, Stuben- und Stadtluft mit Land-, Wald- und Garten-Atmosphäre zu vertauschen“, hielt er fest.

HISTORISCHER FRIEDHOF

Die Stadt besitzt mehrere historische Friedhöfe, auf denen nicht mehr bestattet wird. Hingegen wird der von Fürstengruft und Russisch-orthodoxer Kapelle geprägte, zu Ostern 1818 eröffnete *Historische Friedhof* bis in die Gegenwart ohne Unterbrechung genutzt. Wie kein anderer in Thüringen erzählt dieser Kulturgeschichte. Wer fand hier neben Goethe und Schiller nicht alles die letzte Ruhe! Kulturgeschichte verkörpern oftmals die Grabstätten selbst, seit Künstler damit beauftragt wurden. Der Friedhof gehört zum „UNESCO-Weltkulturerbe".

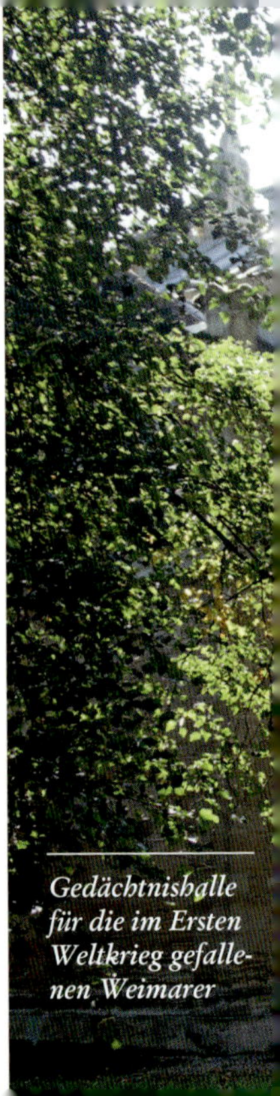

Gedächtnishalle für die im Ersten Weltkrieg gefallenen Weimarer

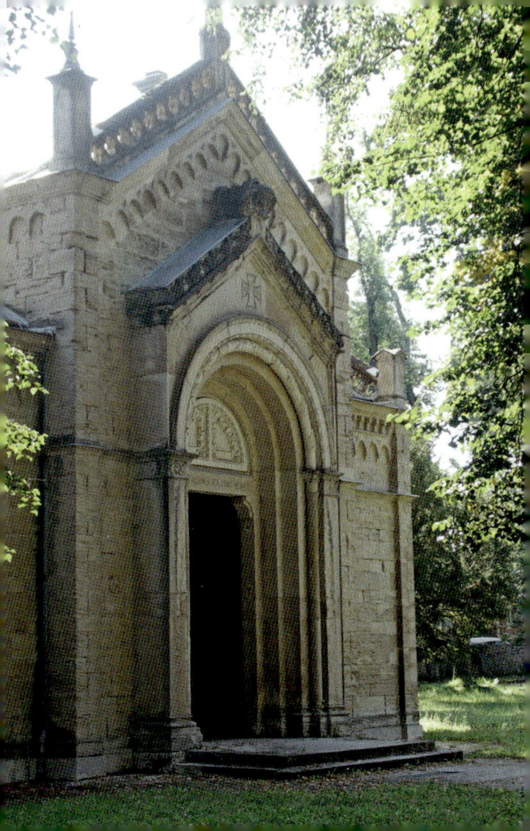

Parks in der Umgebung von Weimar

Schloss und Park Ettersburg

Seit einer im Sommer 2021 beendeten Sanierung können Besucher von Schloss Ettersburg den *Schlosspark* wieder so erleben, wie ihn Großherzog Carl Alexander, Gartenkünstler Eduard Petzold und Fürst Hermann von Pückler-Muskau im 19. Jahrhundert plan-

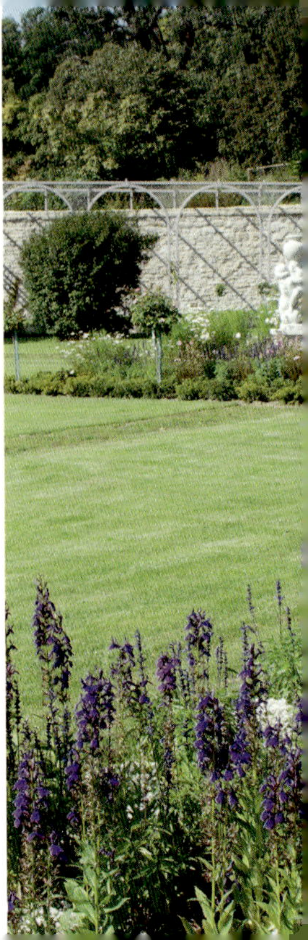

Schlosspark Ettersburg

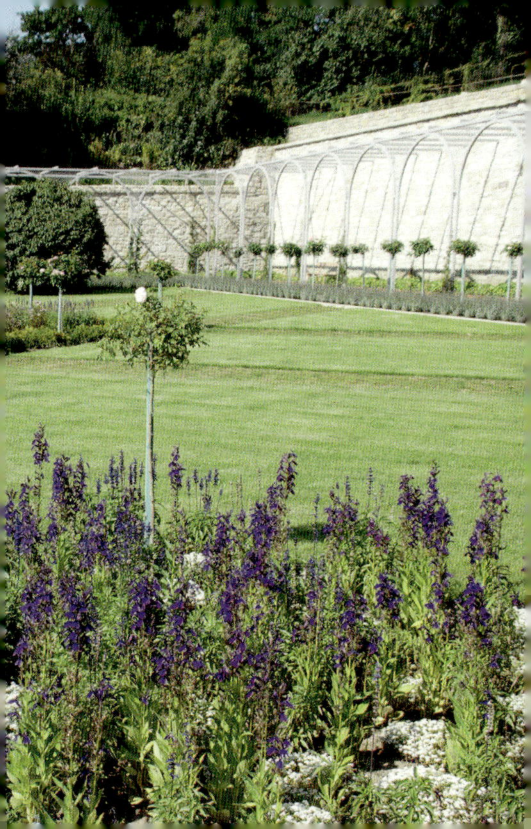

ten. Die Beetflächen der West- und Ostparterres sind mit Lavendel, Thymian und Bändern aus historischen Hochstammrosen bepflanzt. Restaurierte Putten sind an ihre Standorte in den Parterres zurückgekehrt und die historischen Keramikkantensteine rekonstruiert. Als besonders prägendes Element der Anlage wurden die historisch überlieferten Laubengänge (Pergolen) wieder eingebaut. Beeindruckend ist auch die als Pückler-Schlag geläufige Schneise, die sich zwischen dem zum „UNESCO-Weltkulturerbe" gehörenden Schloss und dem altem Jagdstern auf dem Hang gegenüber ausbreitet.

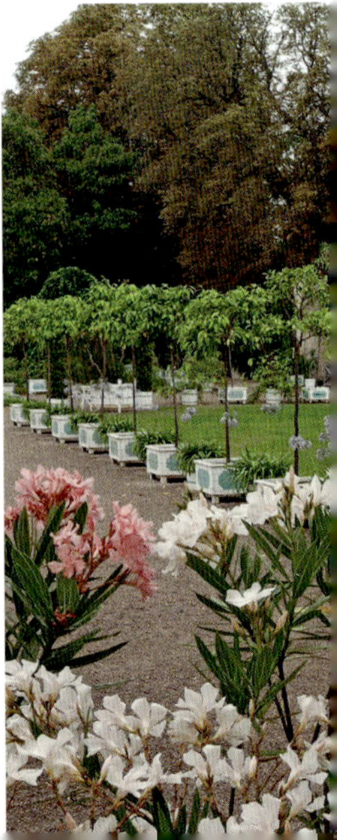

Orangerie im Park Belvedere

Schloss und Park Belvedere

„Die Lustigen von Weimar“ nannte Goethe ein 1813 entstandenes Gedicht, welches auch das südlich von Weimar zu erlebende *Belvedere* be-

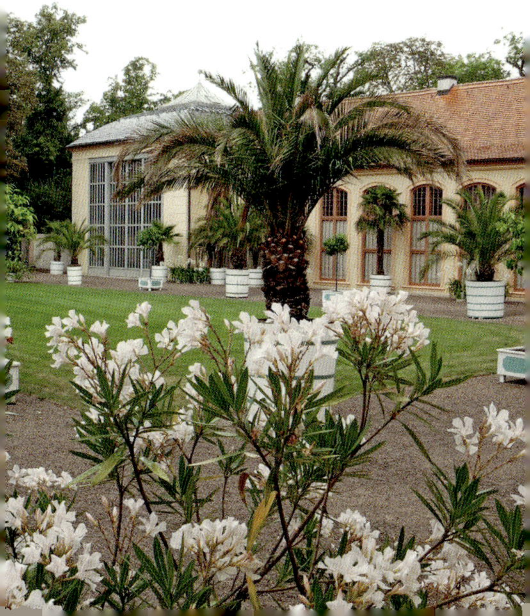

inhaltet. Umgeben von einer 44 Hektar großen Parkanlage gehört die repräsentative Sommerresidenz Belvedere, mit dem Schloss im Schnittpunkt eines Systems sternförmig ausstrahlender Achsen und Alleen, heute zum „UNESCO-Weltkulturerbe." Zwischen 1728 und 1748 geschaffen und ein knappes Jahrhundert danach neugestaltet, begeistert die Besucher neben dem museal genutzten Schloss und den von Musikschülern hörbar belebten Kavaliershäusern die hufeisenförmige Orangerie, die sich zu Zeiten Goethes zum *Botanischen Garten* mit ungefähr 7.900 in- und ausländischen Pflanzenarten entwickelte.

Park und Schloss Tiefurt

Das bescheidene, museal genutzte Sommerschloss Tiefurt umgibt ein zirka 20 Hektar großer Landschaftspark. Der Thüringer Gartenexperte Günther Thimm erinnert an die Anfänge des zum „UNESCO-Weltkulturerbe" gehörenden Parks so: „Angeregt durch einen Besuch der Weimarer Herzoginmutter Anna Amalia in Wörlitz entstanden Wegeverbindungen, die zum Teil noch bestehen, aber auch zahlreiche Parkarchitekturen wie der 1803 errichtete Musentempel mit der später darin aufgestellten Polyhymnia (Muse des Gesangs) oder 1799 das erste in Deutschland errichtete Mozartdenkmal." Ab Mitte des 19. Jahrhunderts gab Hofgärtner Carl Eduard Petzold dem Areal das gegenwärtige Gesicht.

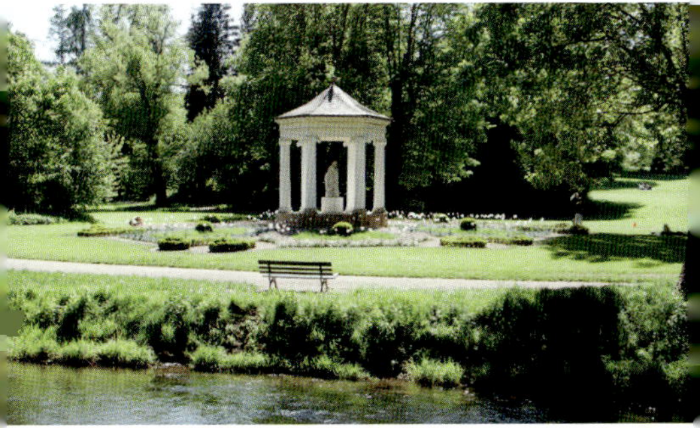

Musentempel im Schlosspark Tiefurt

Schloss und Park Kromsdorf

Die von einer Wasserburg zum Renaissanceschloss gewordene Anlage ist kein Beispiel für bauliche Hochkultur, wohl aber ein wichtiger

Zeuge für das seinerzeit im ländlichen Raum Thüringens Gängige und Machbare. Von der Festebene des Schlosses hat man einen herrlichen Blick in den von zwei Meter hohen Mauern eingefassten Garten. Während die beiden Südecken der Umfassungsmauern von bastionsartigen Eckbauten mit Schießscharten markiert werden, sind in der West-, Ost- und Südmauer Nischen eingebracht. In diesen ist ein europaweit einmaliges Objekt der Kunstgeschichte zu bestaunen: Insgesamt 64 Büsten aus Sandstein bilden hier eine faszinierende Galerie. Der Besucher flaniert u. a. vorbei an einstigen Herrschern und Heerführern, an historischen Persönlichkeiten aus Naturwissenschaft, Kirche und Kunst.

Sandsteinbüsten in der Gartenmauer im Park Kromsdorf

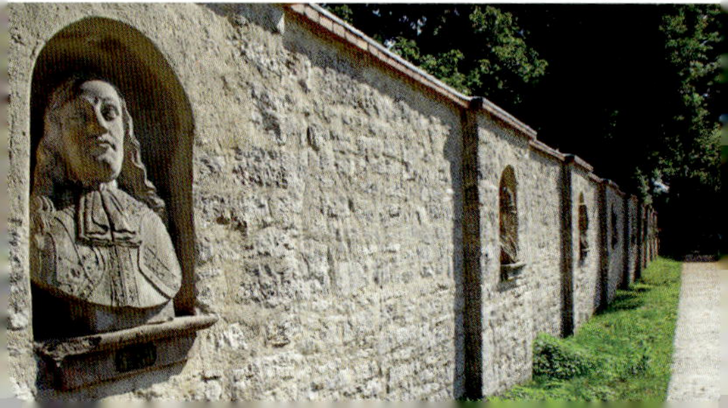

Wilhelmsthal – Sommerresidenz mit Pücklerpark

Das seit dem beginnenden 16. Jahrhundert als fürstliches Jagdgebiet genutzte Gelände Wilhelmsthal wurde ab 1710 zur Sommerresidenz. Unter der Leitung des einheimischen Oberbaumeisters Johann Mützel entstand eine barocke Gesamtanlage, die von zwei Hauptachsen dominiert wird: der Schlossachse in Nord-Süd-Ausrichtung und der Gartenachse in Ost-West-Ausdehnung. Der Schnittpunkt beider Achsen wurde durch das Corps de Logis als Mittelpunkt und Hauptgebäude hervorgehoben. 1719 war das Jagd- und Lustschloss vollendet.

Eingebettet ist das sieben Kilometer südlich von Eisenach liegende Schloss in einen 15 Hektar großen Park mit künstlich angestautem See, auf dem einst venezianische Gondeln fuhren. Gegen Ende des 18. Jahrhunderts ließ Herzog Carl August den Garten in einen Landschaftspark umgestalten. Eine weitere Umformung Mitte des 19. Jahrhunderts trägt die Handschrift von Fürst Hermann von Pückler-Muskau. Die unmittelbare Umgebung des Schlosses und die Blumeninsel waren mit Blumenbeeten geschmückt. Der größte Teil der Anlage präsentiert sich als fein komponierte Natur mit fließenden Übergängen

Schloss und Pücklerpark in Wilhelmsthal

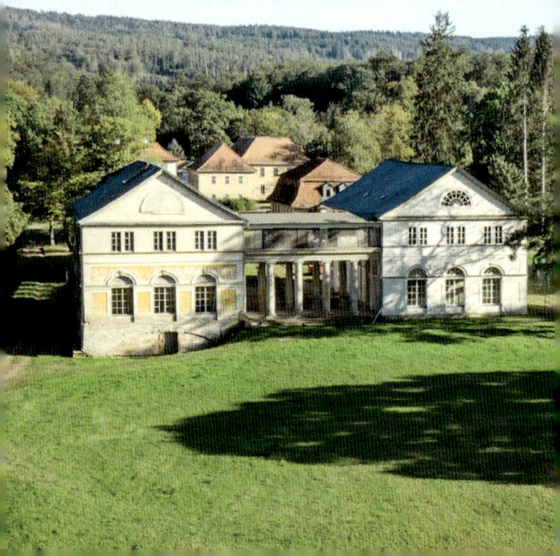

zur Landschaft. Seit einigen Jahren wird dies mit umfangreichen Sanierungsarbeiten wieder mehr und mehr erlebbar.

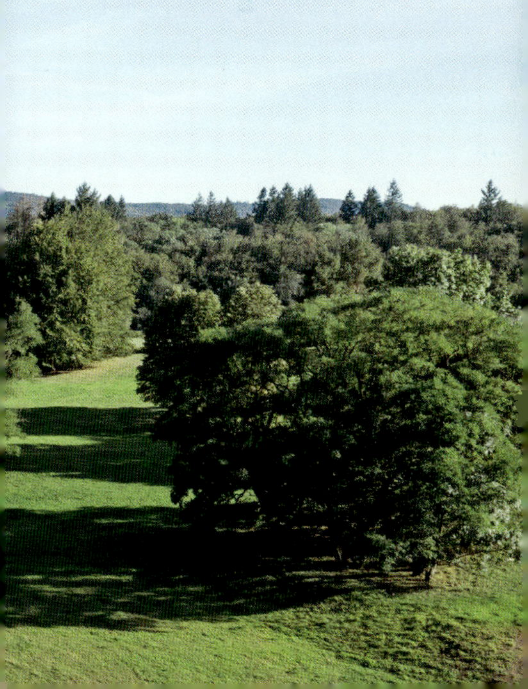

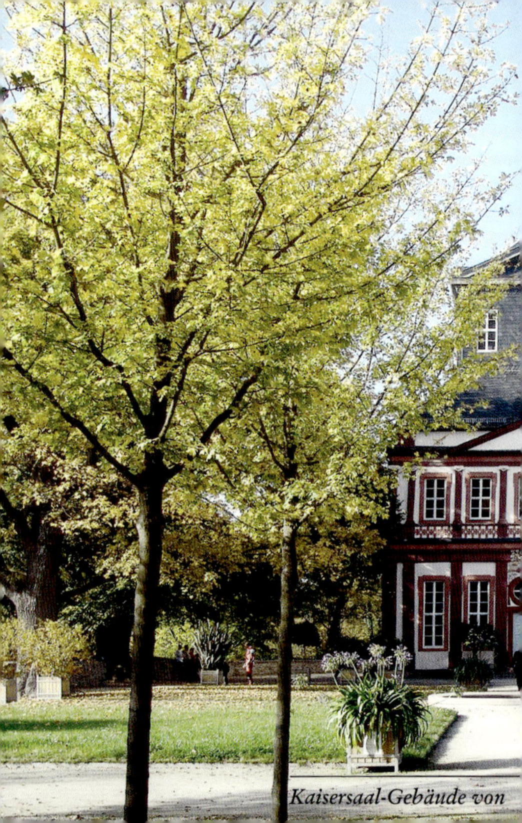

Kaisersaal-Gebäude von

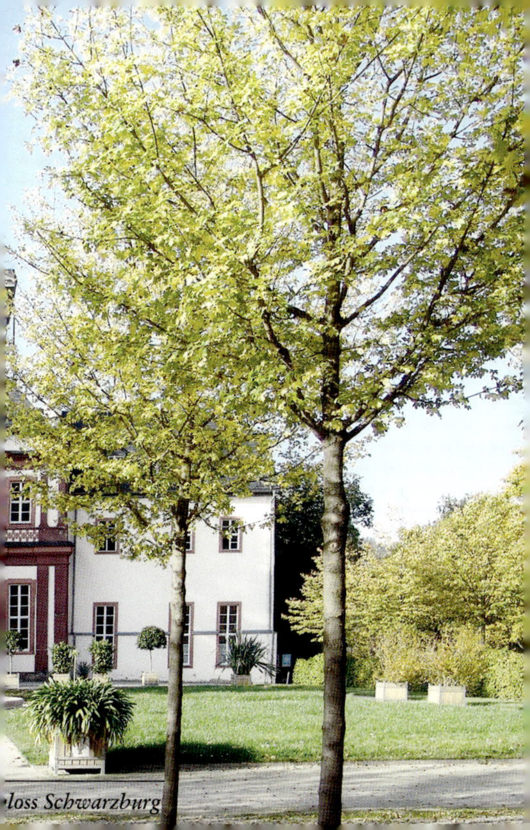

loss Schwarzburg

Wohin die Reise noch gehen kann

Ein Buch wie dieses kann aus Thüringens reicher Landschaft historischer Parks und Gärten nur einige Anlagen näher vorstellen. Zumindest erwähnen wollen wir an dieser Stelle weitere Parks und Gärten, die einen Besuch lohnen.

Altenburg: Schlosspark | **Buttstädt:** Historischer Friedhof Camposanto | **Ebeleben:** Schlossgarten mit Orangerie | **Eisenberg:** Schlossgarten | **Friedrichroda:** Schlosspark Reinhardsbrunn | **Jena:** Grüne Flusslandschaft Saale-Paradies | **Marisfeld:** Schlossgarten | **Meuselwitz:** Ehemalige Orangerie mit Schlossgarten | **Schleusingen:** Garten am Schloss Bertholdsburg | **Schwarzburg:** Schlossgarten | **Sondershausen:** Schlosspark.

Schloss Reinhardsbrunn

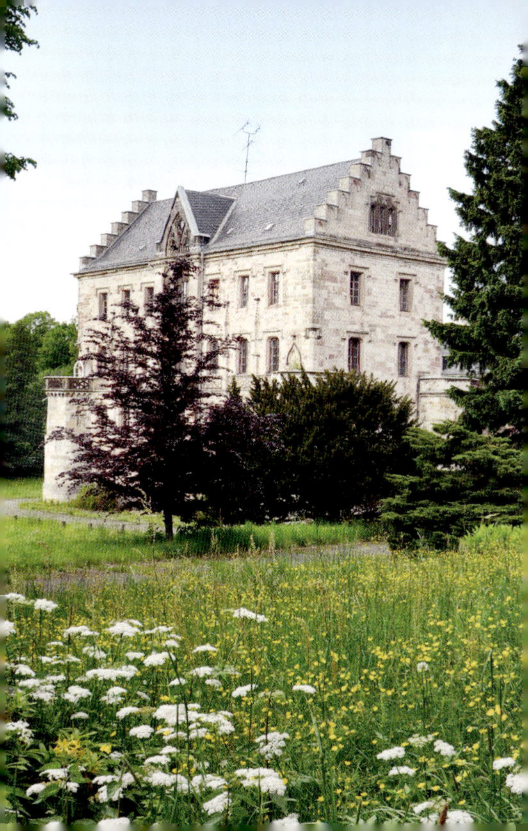

Literatur

- Dehio Handbuch Thüringen, Deutscher Kunstverlag München, 2003
- Historische Stätten Thüringen, Kröner Verlag Stuttgart, 1989
- Thüringen Grün, L&H Verlag Hamburg, 2004
- Heinz Stade: Die BUGA in Erfurt und ihre blühenden Partner, Sutton Verlag Erfurt, 2021
- Heinz Stade: Thüringen – Land der Residenzen, Verlag Thüringer Allgemeine Erfurt, 2004
- Heinz Stade: Das kleine Buch der Thüringer Schlösser, Rhino Verlag Ilmenau , 2014
- Carl Eduard Vehse: Die Höfe zu Thüringen; Kiepenheuer Verlag Leipzig, 1994

Besonderer Dank

Mit freundlicher Unterstützung der:

Stiftung Thüringer Schlösser und Gärten sowie der Stadtverwaltung Bad Köstritz, der SWE Stadtwerke Erfurt GmbH und der BUGA Erfurt 2021 gGmbH, der Stadtverwaltung Gera, der Stadtverwaltung Gotha und Kultourstadt Gotha GmbH, der Stadtverwaltung Mühlhausen und des Rennsteiggarten Oberhof.

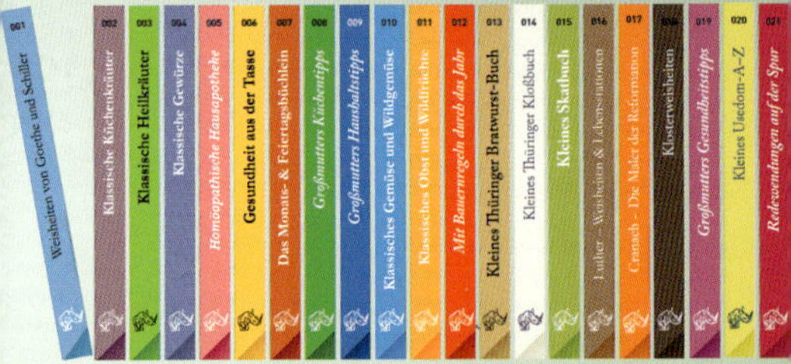

Die Rhino-Westentaschen-Biblioth

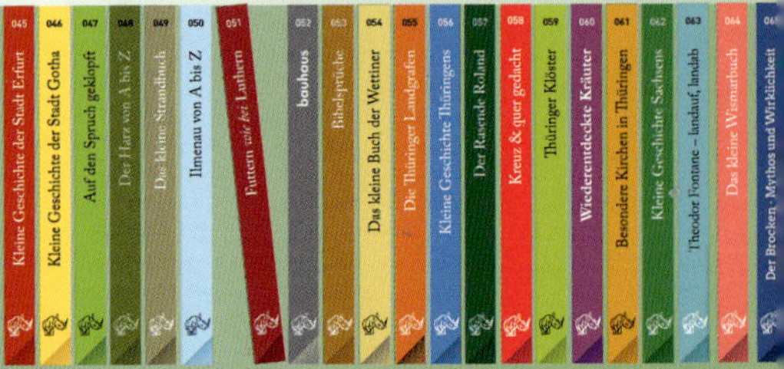

Unser komplettes Programm finden Sie im Internet unter: shop.vggh.de

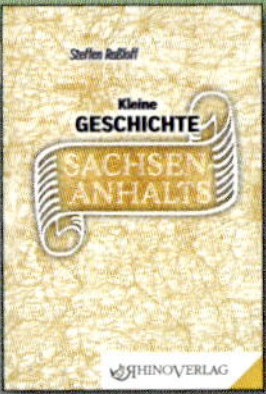

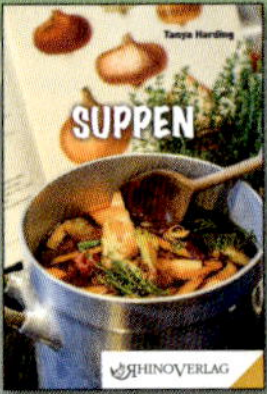

Neuerscheinungen Frühjahr 2022

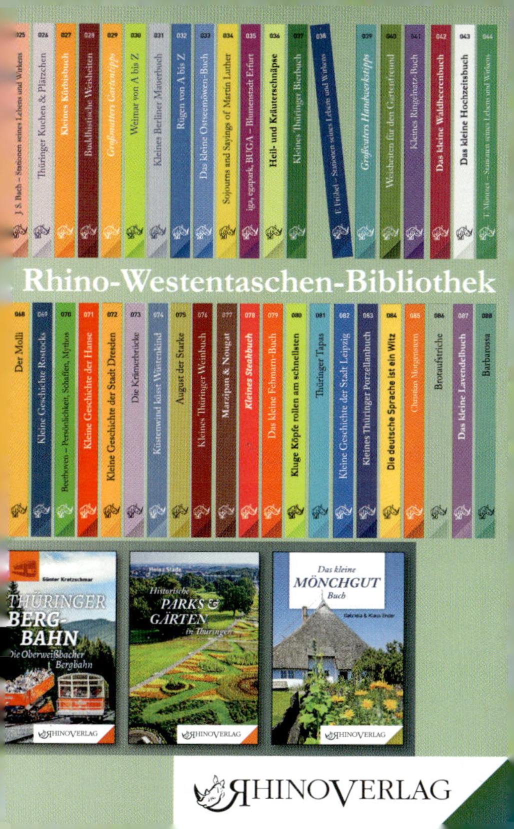

J. S. Bach – Stationen seines Lebens und Wirkens
Thüringer Kuchen & Plätzchen
Kleines Kürbisbuch
Buddhistische Weisheiten
Großmutters Gartentipps
Weimar von A bis Z
Kleines Berliner Mauerbuch
Rügen von A bis Z
Das kleine Ostseemöwen-Buch
Sojourns and Sayings of Martin Luther
iga, egapark, BUGA – Blumenstadt Erfurt
Heil- und Kräuterschnäpse
Kleines Thüringer Bierbuch
F. Fröbel – Stationen seines Lebens und Wirkens
Großvaters Handwerkstipps
Weisheiten für den Gartenfreund
Kleines Ringelnatz-Buch
Das kleine Waldbeerenbuch
Das kleine Hochzeitsbuch
T. Müntzer – Stationen seines Lebens und Wirkens
Rhino-Westentaschen-Bibliothek
Der Molli
Kleine Geschichte Rostocks
Beethoven – Persönlichkeit, Schaffen, Mythos
Kleine Geschichte der Hanse
Kleine Geschichte der Stadt Dresden
Die Krämerbrücke
Küstenwind küsst Wüstenkind
August der Starke
Kleines Thüringer Weinbuch
Marzipan & Nougat
Kleines Steakbuch
Das kleine Fehmarn-Buch
Kluge Köpfe rollen am schnellsten
Thüringer Tapas
Kleine Geschichte der Stadt Leipzig
Kleines Thüringer Porzellanbuch
Die deutsche Sprache ist ein Witz
Christian Morgenstern
Brotaufstriche
Das kleine Lavendelbuch
Barbarossa
Günter Kretzschmar
THÜRINGER BERG-BAHN
Die Oberweißbacher Bergbahn
RHINOVERLAG
Heinz Stade
Historische PARKS & GÄRTEN in Thüringen
RHINOVERLAG
Das kleine MÖNCHGUT Buch
Gabriela & Klaus Ender
RHINOVERLAG
RHINOVERLAG